# Webster's Persian (Farsi) to English Crossword Puzzles: Level 1

**Designed for ESL, ELP, EFL, TOEFL®, TOEIC® and AP® Learning**

**Webster's Online Dictionary**
(www.websters-online-dictionary.org)

TOEFL®, TOEIC®, AP® and Advanced Placement® are trademarks of the Educational Testing Service which has neither reviewed nor endorsed this book.

Published by ICON Group International, Inc.
7404 Trade Street
San Diego, California 92121

www.icongrouponline.com

This edition published by ICON Classics in 2005
Printed in the United States of America.

Webster's Persian (Farsi) – English Level 1 Crossword Puzzles adapted for ESL, ELP, EFL, TOEFL®, TOEIC® and AP® Learning

Copyright © Webster's Persian (Farsi) – English Level 1 Crossword Puzzles adapted for ESL, ELP, EFL, TOEFL®, TOEIC® and AP® Learning 2005 by Philip M. Parker

All rights reserved. This book is protected by copyright. No part of it may be reproduced, stored in a retrieval system, or transmitted in any form or by any means, electronic, mechanical, photocopying, recording, or otherwise, without written permission from the publisher.

Copying our publications in whole or in part, for whatever reason, is a violation of copyright laws and can lead to penalties and fines. Should you want to copy tables, graphs, or other materials, please contact us to request permission (E-mail: iconedit@san.rr.com). ICON Group often grants permission for very limited reproduction of our publications for internal use, press releases, and academic research. Such reproduction requires confirmed permission from ICON Group International, Inc.

**Note to teachers:** You are granted permission to photocopy individual puzzles to distribute as assignments to students enrolled in your classes.

The contents form this book have been extracted, with permission, from Webster's Online Dictionary, www.websters-online-dictionary.org (copyright Philip M. Parker, INSEAD).

TOEFL®, TOEIC®, AP® and Advanced Placement® are trademarks of the Educational Testing Service which has neither reviewed nor endorsed this book.

ISBN 0-497-83122-8

# PREFACE

Webster's Crossword Puzzles are edited for three audiences. The first audience consists of students who are actively building their vocabularies in either Persian (Farsi) or English in order to take foreign service, translation certification, Advanced Placement® (AP®)[1] or similar examinations. By enjoying crossword puzzles, the reader can enrich their vocabulary in anticipation of an examination in either Persian (Farsi) or English. The second includes Persian (Farsi)-speaking students enrolled in an English Language Program (ELP), an English as a Foreign Language (EFL) program, an English as a Second Language Program (ESL), or in a TOEFL® or TOEIC® preparation program. The third audience includes English-speaking students enrolled in bilingual education programs or Persian (Farsi) speakers enrolled in English speaking schools.

This edition is for Level 1 vocabulary, where the higher the level number, the more complicated the vocabulary. Though highly entertaining, if not addictive, this crossword puzzle book covers some 3000 translations. In this book, hints are in Persian (Farsi), answers are in English. This format is especially fun (or easiest) for people learning Persian (Farsi); the format is most instructive, however, for people learning English (i.e. the puzzles are a good challenge). Within each level, the puzzles are organized to expose players to shorter and more common words first. Subsequent puzzles mostly build on these using longer and more complicated vocabulary. Learning a language is always difficult. To ease the pain, hints are provided in small script at the bottom of each page, though these are selected to prevent an engineered solution to the puzzle. Players need to learn the meanings of the words in order to place them correctly. Full solutions are provided in the back of the book. These two features (hints and verifiable solutions), force the reader to decipher a word's meaning and serves to improve vocabulary retention and understanding. Translations are extracted from Webster's Online Dictionary. Further definitions of remaining terms as well as translations can be found at www.websters-online-dictionary.org. Enjoy!

The Editor
Webster's Online Dictionary
www.websters-online-dictionary.org

---

[1] TOEFL®, TOEIC®, AP® and Advanced Placement® are trademarks of the Educational Testing Service which has neither reviewed nor endorsed this book.

4

# Puzzle #1: Level 1 - Most Common

© Philip M. Parker, INSEAD; www.websters-online-dictionary.org

**Across**

2 انها, انان, ایشـان
4 دگربار, باز, دوباره
6 روز
8 از, بواسـطه, درنتیجـه
10 اندر, بطرف, بـه
14 خواسـته, تمایل
17 با, بطرف, بعوض
18 دارونـدار, تمامـا, بسـیار
19 هرگز, ابـدا, حاشا
20 اشـاره بـدور, ان, کـه

23 متحد, منحصـر, یـك عدد
25 هرچند, هنـوز, حال بهر
27 عدد, شـمردن, شـماره
28 او
29 واقعا
32 بدانجا, انجا بـه, درانجا
33 اما, جز, نـه تنهـا

**Down**

1 حرف ربط, چقدر, چه
3 مال شـما, مـربوط بـه
شـما

5 و
7 شـما, شـمارا
9 تـریبیـش, زیادتر
11 حالا, در این لحظـه,
اکنـون
12 کـه
13 جا, جایگـاه, گذاشـتن
15 بارها, بکـرات, غالب
اوقات
16 جلو, درحضور, از قبـل

20 بعـد, در انوقـت, دران
هنگـام
21 غالبـا, تقریبـا, چنـدتا
22 او مال, ان مال
24 بـاو, ان زن را, او مال
26 تنهـا, فقـط, صـرفا
30 هنـوز, تـا کنـون,
بااینحـال
31 بعـد, مجاور, دیگـر

**Solutions:** again, all, and, before, but, day, from, her, however, into, its, more, never, next, now, number, often, one, only, place, really, she, some, that, then, there, they, what, which, with, would, yet, you, your. (34 words). See www.websters-online-dictionary.org

## Puzzle #2: Level 1 - Most Common

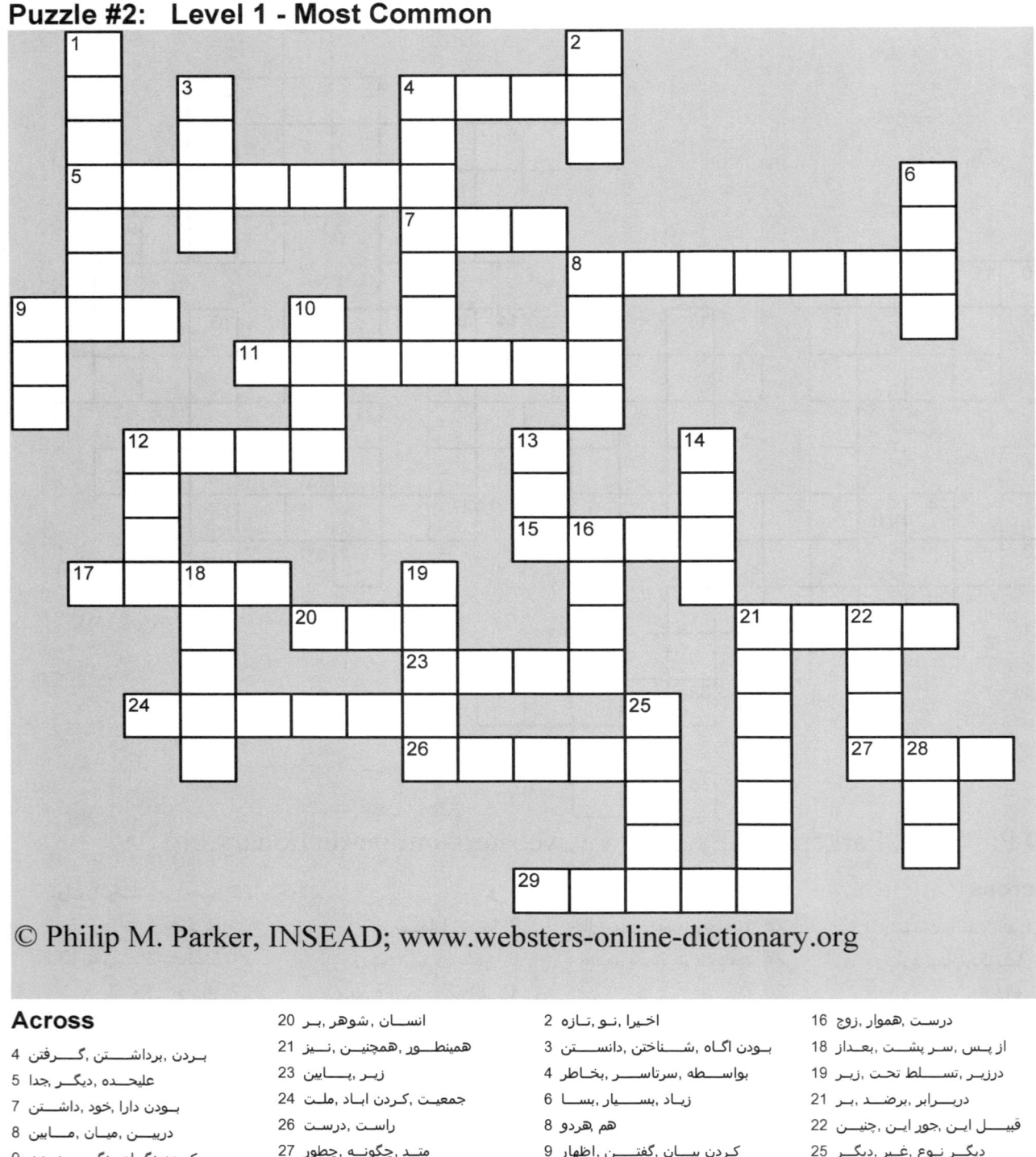

© Philip M. Parker, INSEAD; www.websters-online-dictionary.org

### Across

4 بردن ,برداشتن ,گرفتن
5 علیحده ,دیگر ,جدا
7 بودن دارا ,خود ,داشتن
8 دربین ,میان ,مابین
9 کردن نگاه ,بنگر ,دیدن
11 از بیرون ,بدون ,فاقد
12 مصنوع ,شده ساخته
15 سنه ,سال
17 تا ,بجز ,به نسبت
20 انسان ,شوهر ,بر
21 همینطور ,همچنین ,نیز
23 زیر ,پایین
24 جمعیت ,کردن اباد ,ملت
26 راست ,درست
27 متد ,چگونه ,چطور
29 نخستین ,اول ,نخست

### Down

1 چونکه ,که زیرا ,زیرا
2 اخیرا ,نو ,تازه
3 بودن اگاه ,شناختن ,دانستن
4 بواسطه ,سرتاسر ,بخاطر
6 زیاد ,بسیار ,بسا
8 هم ,هردو
9 کردن بیان ,گفتن ,اظهار
10 موجود ,حیات ,عمر
12 تقریبا ,بسیار ,زیاد
13 راه ,طریق ,طرز
14 باره این در ,بدینسو ,اینجا
16 درست ,هموار ,زوج
18 از پس ,سر پشت ,بعداز
19 درزیر ,تسلط تحت ,زیر
21 دربرابر ,برضد ,بر
22 قبیل این ,جور این ,چنین
25 دیگر نوع ,غیر ,دیگر
28 مان ,خودمان مال ,ما مال

**Solutions:** after, against, also, another, because, between, both, down, even, first, here, how, know, life, made, man, many, much, new, other, our, own, people, right, say, see, such, take, than, through, under, way, without, year. (34 words). See www.websters-online-dictionary.org

# Puzzle #3: Level 1 - Most Common

© Philip M. Parker, INSEAD; www.websters-online-dictionary.org

## Across

4 اخبار, استخبار, اطلاع
8 دوم, دوم درجه دوم بودن, دوم شدن
9 دستگاه, مجموعه, نشاندن
13 محقر, دون, ریز
15 معدود, محقر, بچگانه
16 نقطه, ممیز
18 طرفدار, بزم, جمعیت
19 شهر, خانه, بطرف خانه
20 جهاز, طرز, سیستم
23 معین, داده, مبتلا
24 هر یک, هر یک, از هریک
28 اخر, انتها, سر
29 جلوتر, بیشتر, دوتر
30 سراسر, تماما, واقعا

## Down

1 از بعد, از پس, ازاینرو
2 ظاهر, ظاهر شدن, وانمود کردن
3 یافتن, جستن, دادن تشخیص
5 دور, ناجور
6 لزوم, نیاز, احتیاج در داشتن
7 خانه, اهل بیت, جا
10 سر, قصد, نظر
11 گروه, دسته, جمنان
12 اگرچه, گرچه, هرچند
14 همواره, همه وقت, همیشه
17 پول, ثروت, اسکناس
21 هر, هرکس, هرکه
22 مردها
25 قطع, از خارج, خاموش
26 تومند, ماهر, متعدد
27 چرا, بچه جهت

**Solutions:** although, always, away, each, end, every, find, further, given, great, group, home, house, information, little, look, men, money, need, off, party, point, quite, second, set, since, small, system, thought, why. (30 words). See www.websters-online-dictionary.org

# Puzzle #4: Level 1 - Most Common

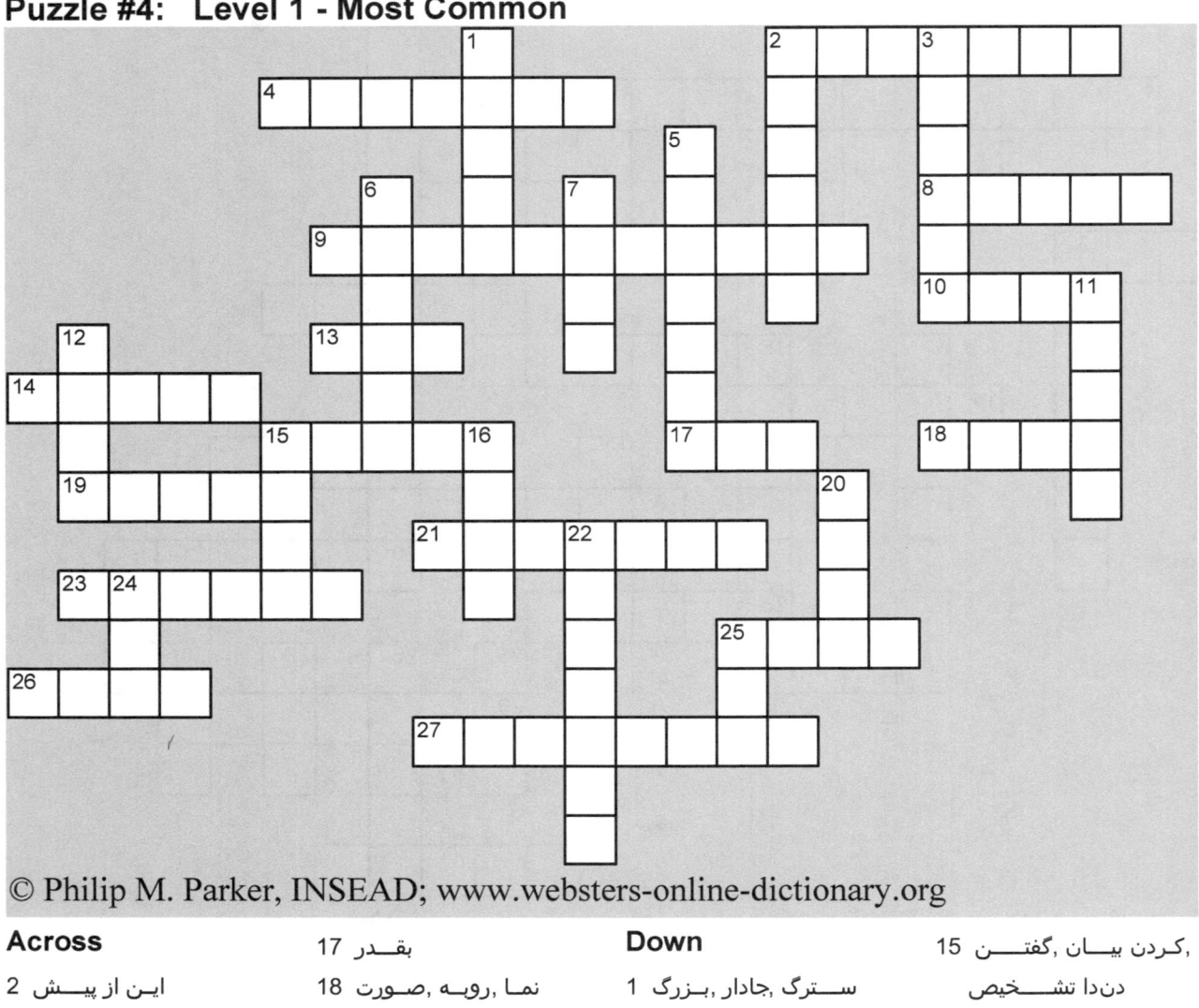

© Philip M. Parker, INSEAD; www.websters-online-dictionary.org

### Across
2 این از پیش
4 شاید ,بود توان ,اتفاقا
8 تا
9 توسعه ,نمو ,بسط
10 نوکر ,مساعدت ,مدد
13 نه ,نقیض ,نقض ,خیر
14 اسباب ,اشیاء ,چیز
15 مال ,خودشان ,شان ,انها
17 بقدر
18 نما ,رویه ,صورت
19 ملت ,ایالت ,حالت
21 شهر بیرون ,کشور ,دهات
23 خانواده ,خاندان
25 روز هفت ,هفته
26 فضا ,مساحت ,ناحیه
27 بنگاه ,تجارت ,دادوستد

### Down
1 سترگ ,جادار ,بزرگ
2 سوهر در ,گرداگرد ,دور
3 بس ,انقدر ,نسبتا
5 خودش
6 برازیدن ,شدن ,درخوربودن
7 وقوع ,شده انجام ,یافته
11 قدرت ,زور ,اقتدار
12 این
15 گفتن ,بیان کردن ,تشخیص دندان
16 اتاق ,جا ,فضا
20 طرف ,سو ,پهلو
22 صفر ,هیچ ,ابدا
24 هستید
25 بود

**Solutions:** already, are, area, around, become, business, country, development, done, enough, face, family, for, help, himself, large, not, nothing, perhaps, power, room, side, state, tell, their, thing, this, until, was, week. (30 words). See www.websters-online-dictionary.org

## Puzzle #5: Level 1 - Most Common

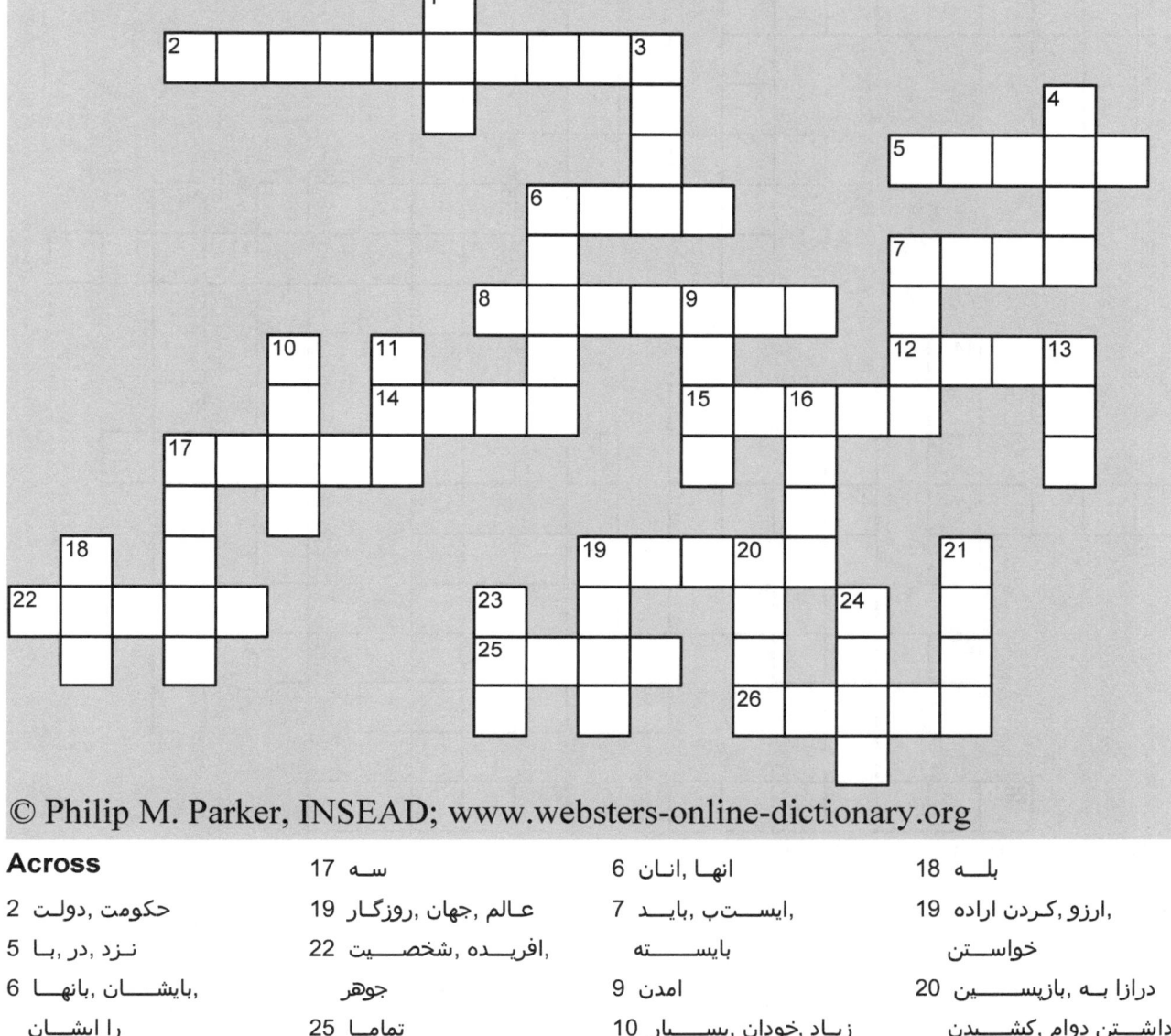

**Across**

2 حکومت ,دولت

5 نزد ,در ,با

6 ,بایشان ,بانها را ایشان

7 بیشترین

8 مشاوره ,شورا ,انجمن

12 مذکور ,گفت

14 ,همان ,اندازه بهمان یکسان

15 قدرت ,زور

17 سه

19 عالم ,جهان ,روزگار

22 ,افریده ,شخصیت جوهر

25 تماما

26 اینها

**Down**

1 چه , چقدر ,ازنوع

3 زمان ,عهد ,روزگار

4 تنها

6 انها ,انان

7 ,ایستب ,باید بایسته

9 امدن

10 زیاد ,خودان ,بسیار

11 استفاده ,استفاده مصرف ,کردن

13 داد انجام

16 سود ,ارجمند

17 خیال ,اندیشیدن کردن فکر ,کردن

18 بله

19 ,ارزو ,کردن اراده خواستن

20 درازا به ,بازپسین داشتن دوام ,کشیدن

21 مانند

23 دو

24 وقت چه ,وقتیکه

**Solutions:** about, any, being, come, council, did, good, government, just, last, like, might, most, must, said, same, them, these, think, those, three, time, two, use, very, well, when, will, world, yes. (30 words). See www.websters-online-dictionary.org

## Puzzle #6: Level 1 - Very Common

### Across

1 مهم
6 گروهان ,دسته
8 هنگام ,درمدت ,درجریان
9 نهادن بنیاد
11 صورت ,شکل ,دیس
12 در ,داخل در ,باندازه حدود
15 پهلو
20 مقدور
21 در ,صورتیکه در انکه حال ,حین
22 پنجگانه
23 امد
25 چپ جناح ,چپ درطرف ,چپ
26 مورد
27 جداشدن ,کردن جدا ,جزء
28 عموم ,عامه ,اشکار
29 چه ,خواه ,ایا
30 شب ,شبانه برنامه ,هنگام شب

### Down

2 میانگین ,متوسط
3 پیر ,مسن ,گذشته
4 اگرچه ,بهرحال ,بهرجهت
5 تازه ,جوان ,برنا
7 تقریبا
10 دوست جمعیت, بجامعه وابسته
13 تبعه ,شهروند
14 ابگونه ,دادن اب ,اب
16 متفاوت ,متمایز
17 از ,قسمت کدام در اینجا ,کجا
18 چیزی
19 واقعیت ,حقیقت
24 تر پست ,اصغر

**Solutions:** almost, came, case, company, different, during, fact, five, form, found, hand, important, left, less, mean, national, night, old, part, possible, public, social, something, though, water, where, whether, while, within, young. (30 words). See www.websters-online-dictionary.org

## Puzzle #7: Level 1 - Very Common

### Across

1 سابقا ,یکمرتبه ,
دیگر یکبار

4 بارگاه ,حیاط ,دربار

6 کردن ذینفع ,سود ,
تنزیل

7 ارشد ,بزرگتر ,مهاد

9 صوت ,اوا ,صدا

12 اولیه ,اوایل در ,زود

14 سودمند ,دردسترس ,
استفاده قابل

16 اجراکردن ,نتیجه ,اثر

17 شده گفته

18 لمس ,کردن احساس
شدن محسوس ,کردن

19 محل ,تجارت مرکز ,بازار
وستد داد

21 شریك ,نیم ,سو

23 صبح ,بامداد

24 شدن دمساز ,طور ,جور

25 چندین ,جدا ,چند

26 راهرو ,درب ,در

### Down

2 همیشه ,همواره ,هرگز

3 درنگ ,گذاشتن ,انسداد
کردن

4 شدن عوض ,خرد پول ,
کردن عوض

5 رویراه ,بنگاه ,خدمت
ساختن

8 راه ,بجاده ,معبر

10 کردن باز ,ازاد ,باز

11 موجد ,الدو ,پدر

13 سطح ,تراز ,هموار

15 بالفعل ,واقعا

18 انباشته ,رسیده ,پر

20 ازوسط ,سرتاسر ,
درمیان

21 بلند

22 شش

23 سرچشمه ,اصل ,مادر

**Solutions:** across, actually, available, change, court, door, early, effect, ever, father, feel, full, half, high, interest, let, level, major, market, morning, mother, once, open, road, service, several, six, sort, told, voice. (30 words). See www.websters-online-dictionary.org

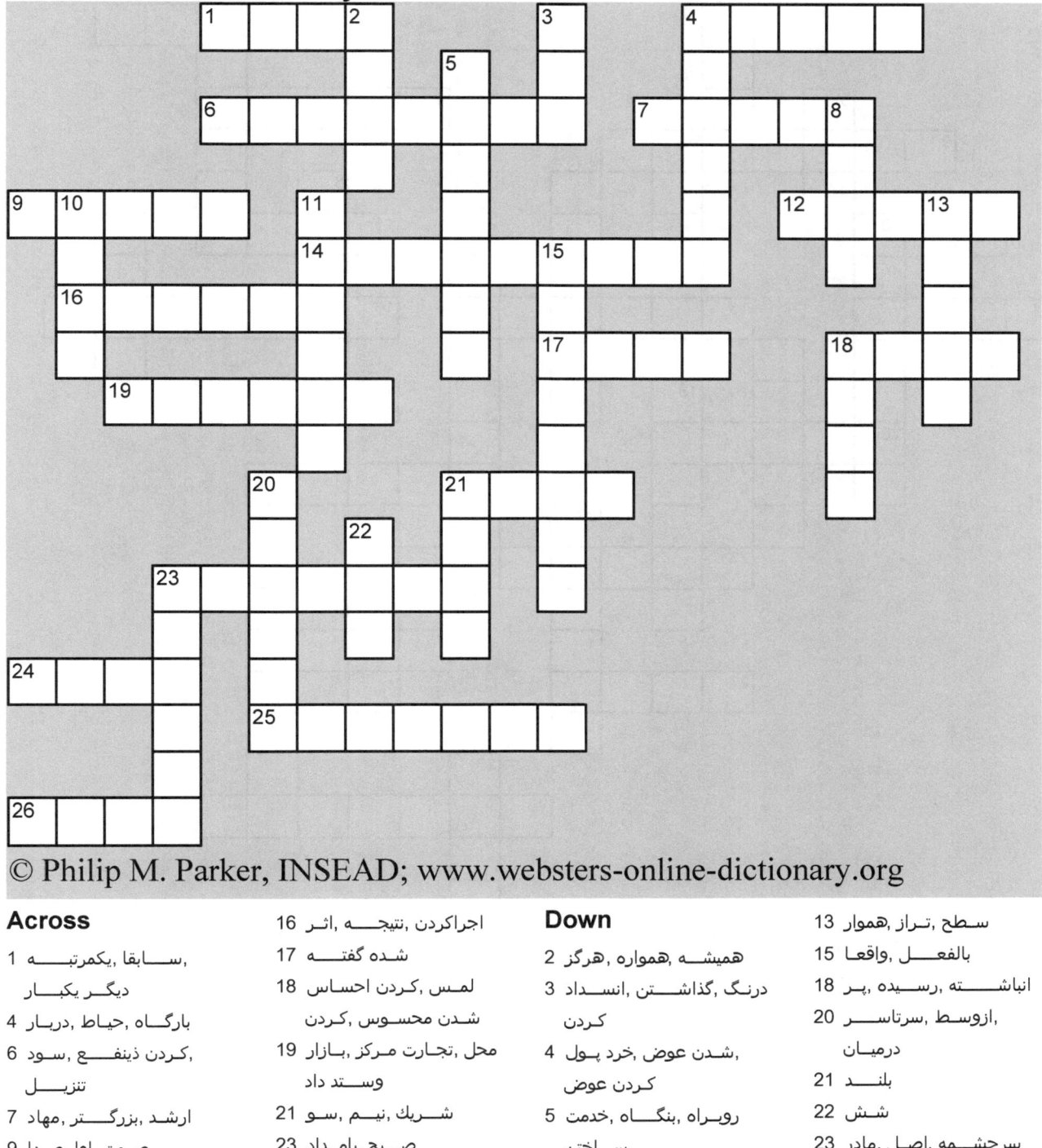

## Puzzle #8: Level 1 - Very Common

### Across

2 بربست, قانون, داتا
4 دوده, عزا لباس, سیاه
5 فرایند, فراشد, روند
9 عظمت با, ستبر, بزرگ
11 جسم, جسد, بدن
14 بمجرد, فراز بر, بر
15 اداره, شغل, دفتر
16 میلیون
19 دید, نظر, انداز چشم
20 الذکر سابق, بالا در, برتر
21 وار دایره, مدور, گرد
23 همدیگر با, امتفق, با
26 اسم, مشهور, ابرو
27 تمام, دریا, عمده
29 انسگان, اجتماع, جامعه

### Down

1 ردیف, بند, سطر
2 محتمل, راستنما
3 ایوب, شغل, امر
6 افسران, کارمندان بلند چوب, وصاحبمنصبان
7 ترکیب, ساختمان, ساخت
8 سمت, شغل, موقعیت
10 عام, ارتشبد, جامع
12 ابراز, فهماندن, دادن ان‌نش کردن
13 تجسس, پژوهش, جستجو
17 همه, تمام, سراسر
18 نفر, وجود, شخص
22 دیرتراز, تراز عقب, بعداز
24 اصل, موجود, راستین
25 گزارش, صدا, انتشار
28 کردن رزرو, مجلد, دفتر

**Solutions:** above, behind, big, black, body, book, general, job, law, likely, line, main, making, million, name, office, person, position, process, real, report, research, round, show, society, staff, together, upon, view, whole. (30 words). See www.websters-online-dictionary.org

# Puzzle #9: Level 1 - Very Common

## Across

1 لحظه ,دم ,ان
3 جنوب
6 معما ,موضوع
7 سفید ,سپیده ,سفید شدن
8 باور کردن ,اعتقادداشتن ,اعتقادکردن
9 انگاره ,خبر ,تصور
11 شمال ,باد شمال
13 دشوار ,صعب ,سخت
14 ویژه ,مخصوص ,بخصوص
16 دوست داشتن ,عشق ,مهر
18 شعور ,مفاد ,دریافتن
22 باید ,بایست
24 وردست ,ترتیب ,رتبه
26 اداره ,مدیریت ,ترتیب
27 کنش ,اقدام
28 روا ,رها ,ازاد

## Down

2 میز ,در فهرست نوشتن ,جدول
3 ویژه ,مخصوص ,خاص
4 شروع ,ابتدا ,اغاز
5 دوره ,سن ,سن بلوغ
10 اندازه ,بهرمقدار ,هرچیز
12 راندن ,دایر بودن ,ردپا
14 پاسبان
15 برامد ,اورد دست ,اثر
17 تجربه ,اروین ,ازمایش
19 گواه ,شهادت ,شهادت دادن
20 نسبتا ,بلکه ,بیشتر
21 رزم ,جنگ ,حرب
23 خواندن
25 اجرت ,دادن حقوق ماهیانه

**Solutions:** action, age, anything, believe, difficult, evidence, experience, free, idea, love, management, moment, north, order, particular, pay, police, problem, rather, read, result, run, sense, shall, south, special, start, table, war, white. (30 words). See www.websters-online-dictionary.org

## Puzzle #10: Level 1 - Very Common

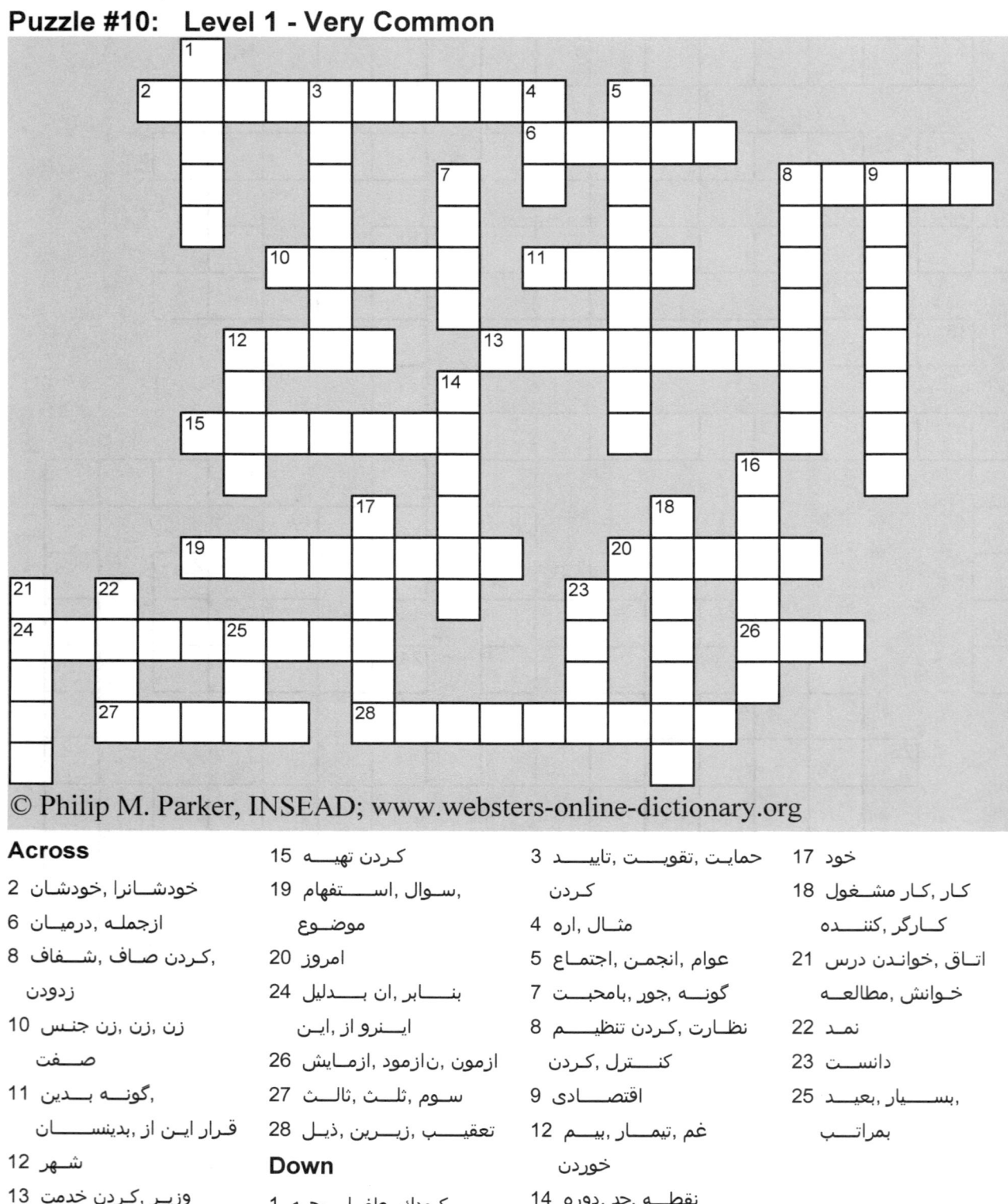

© Philip M. Parker, INSEAD; www.websters-online-dictionary.org

**Across**

2 خودشانرا, خودشان

6 ازجمله, درمیان

8 کردن صاف, شفاف, زدودن

10 زن, زن, زن جنس صفت

11 گونه بدین, قرار این از, بدینسان

12 شهر

13 وزیر, کردن خدمت مختار

15 کردن تهیه

19 سوال, استفهام, موضوع

20 امروز

24 بنابر, ان بدلیل اینرو از, این

26 ازمون, ازمود, ازمایش

27 سوم, ثلث, ثالث

28 تعقیب, زیرین, ذیل

**Down**

1 کودك, طفل, بچه

3 حمایت, تقویت, تایید کردن

4 مثال, اره

5 عوام, انجمن, اجتماع

7 گونه, جور, بامحبت

8 نظارت, کردن تنظیم کنترل, کردن

9 اقتصادی

12 غم, تیمار, بیم خوردن

14 نقطه, حد, دوره

16 مزاج, حال

17 خود

18 کار, کار مشغول کارگر, کننده

21 اتاق, خواندن درس خوانش, مطالعه

22 نمد

23 دانست

25 بسیار, بعید, بمراتب

**Solutions:** among, care, child, city, clear, community, control, economic, far, felt, following, health, itself, kind, knew, minister, period, provide, question, saw, study, support, themselves, therefore, third, thus, today, try, woman, working. (30 words). See www.websters-online-dictionary.org

# Puzzle #11: Level 1 - Somewhat Common

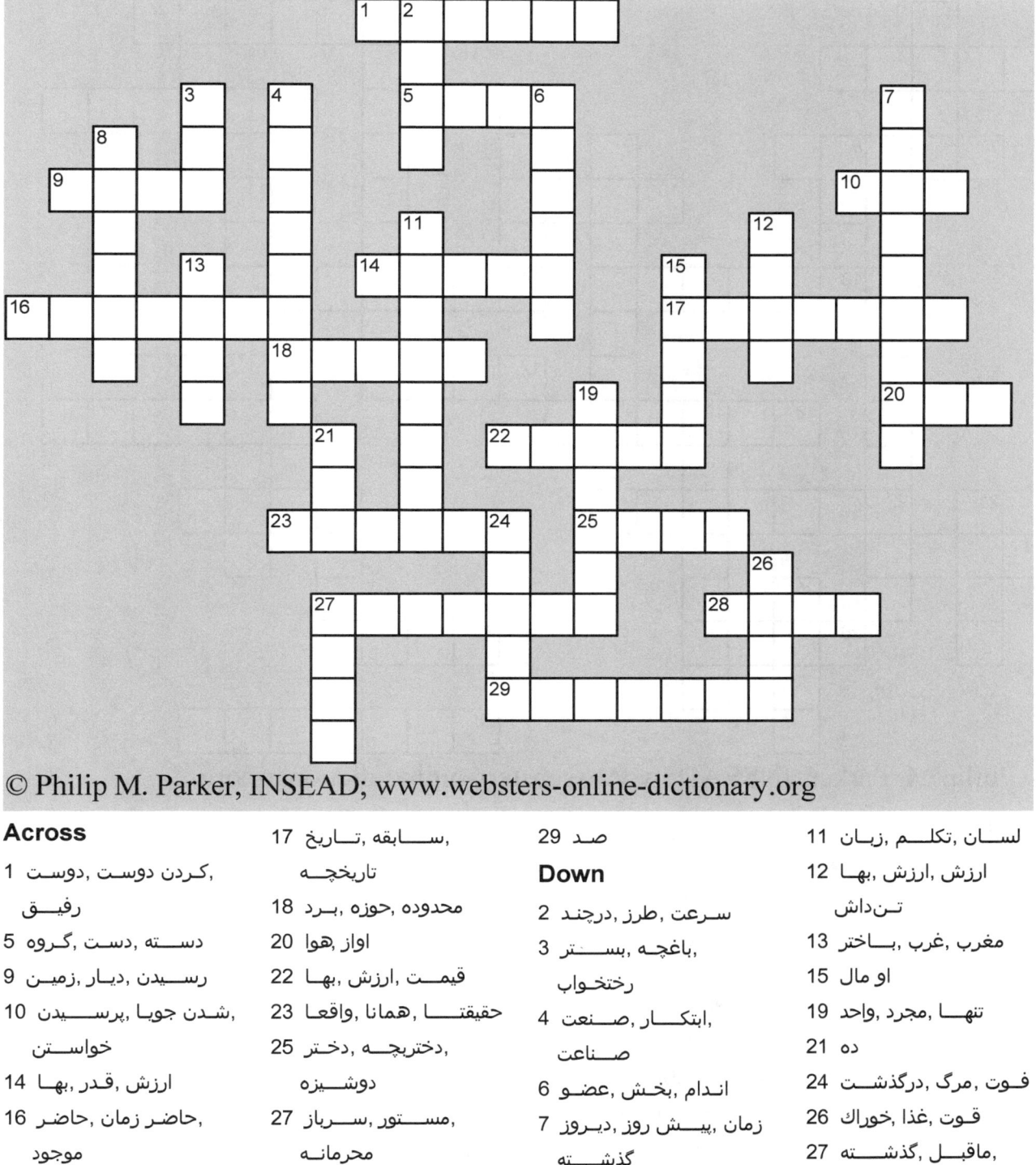

## Across

1 دوست ,دوست کردن, رفیق
5 گروه ,دست ,دسته
9 زمین ,دیار ,رسیدن
10 پرسیدن ,جویا شدن, خواستن
14 بها ,قدر ,ارزش
16 حاضر ,حاضر زمان, موجود
17 تاریخ ,سابقه, تاریخچه
18 برد ,حوزه, محدوده
20 هوا ,اواز
22 بها ,ارزش ,قیمت
23 واقعا ,همانا ,حقیقتا
25 دختر ,دختریچه, دوشیزه
27 سرباز ,مستور, محرمانه
28 عهد ,خبر ,گفتار
29 صد

## Down

2 درچند, طرز ,سرعت
3 بستر ,باغچه, رختخواب
4 صنعت ,ابتکار, صناعت
6 عضو ,بخش ,اندام
7 دیروز ,پیش روز ,زمان گذشته
8 امر ,اهمیت ,جسم
11 زبان ,تکلم ,لسان
12 بها ,ارزش ,ارزش تنداش
13 باختر ,غرب ,مغرب
15 او مال
19 واحد ,مجرد ,تنها
21 ده
24 درگذشت ,مرگ ,فوت
26 خوراك ,غذا ,قوت
27 گذشته ,ماقبل, پیش

**Solutions:** air, ask, bed, cost, death, food, friend, girl, history, hundred, indeed, industry, land, language, matter, member, past, present, price, private, range, rate, single, team, ten, value, west, whose, word, yesterday. (30 words). See www.websters-online-dictionary.org

# Puzzle #12: Level 1 - Somewhat Common

© Philip M. Parker, INSEAD; www.websters-online-dictionary.org

**Across**
2 گفتار, حکمت, گفته مشهور
4 نمایش صحنه, وهله, طبقه
6 خرد, شعور, دلیل
7 رده, دسته, جور
10 داشتن آرزو, امید
13 گوهر, طبیعت, آفرینش
14 ماننـد, مشابه, شبیه
15 پابرجا, راستگو, درست
17 شهر حومه قصبه, شهر, کوچک شهر
18 زمین
20 واقعا
22 جلسه صورت
23 طومار, رل, بخش
24 بودن زنده, موثر, زیستن
26 شدید, سخت, دشوار
27 خاطر, یقین, استوار, جمع
28 برش, دایره, بخش

**Down**
1 صدا, خبر, احضار
2 حال, شغل, جا
3 تقریبا, نزدیک, قریب
5 لزوما, لزوم حسب بر, ناگزیر
8 قریبا, عنقریب, زود
9 ناجور, بیگانه
11 همانا, حتما
12 نوع, چاپ حروف, گونه
16 دهنده تشکیل, قبل, سابق
19 برون, ظاهر, بیرون
21 عیال, خانم, زن
23 متاخر, تازه
25 شرق, مشرق خاور

**Solutions:** call, certainly, class, east, foreign, former, ground, hard, hope, live, minutes, nature, near, needs, outside, reason, recent, role, saying, section, similar, simply, situation, soon, stage, sure, town, true, type, wife. (30 words). See www.websters-online-dictionary.org

## Puzzle #13: Level 1 - Somewhat Common

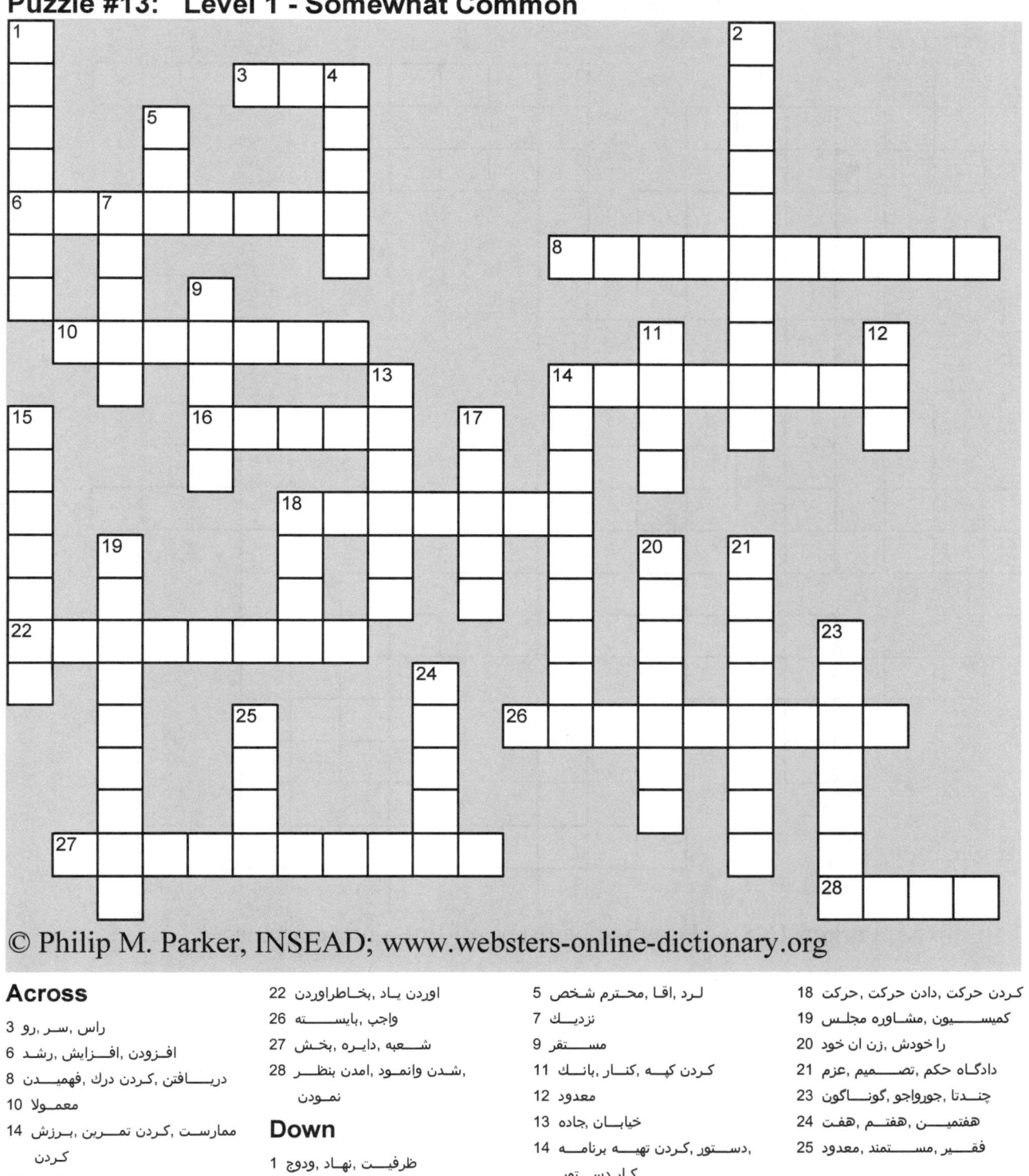

© Philip M. Parker, INSEAD; www.websters-online-dictionary.org

### Across

3 راس, سر, رو

6 افزودن, افزایش, رشد

8 دریافتن, کردن درك, فهمیدن

10 معمولا

14 ممارست, کردن تمرین, بررزش کردن

16 عددهشت

18 جلسه, انجمن, اجتماع

22 اوردن یاد, بخاطراوردن

26 واجب, بایسته

27 شعبه, دایره, بخش

28 شدن وانمود, امدن بنظر, نمودن

### Down

1 ظرفیت, نهاد, ودوج

2 دانشگاه

4 مقاله, جواز, روزنامه

5 لرد, اقا, محترم شخص

7 نزدیك

9 مستقر

11 کردن کپه, کنار, بانك

12 معدود

13 خیابان, جاده

14 دستور, کردن تهیه برنامه, کار دستور

15 قرن, سده

17 اتحاد, اتصال, اجتماع

18 کردن حرکت, دادن حرکت, حرکت

19 کمیسیون, مشاوره مجلس

20 را خودش, زن ان خود

21 دادگاه حکم, تصمیم, عزم

23 چندتا, جورواجو, گوناگون

24 هفتمین, هفتم, هفت

25 فقیر, مستمند, معدود

**Solutions:** bank, based, century, close, committee, decision, department, eight, few, herself, increase, meeting, move, necessary, paper, poor, practice, programme, quality, remember, seem, seven, sir, street, top, understand, union, university, usually, various. (30 words). See www.websters-online-dictionary.org

## Puzzle #14: Level 1 - Somewhat Common

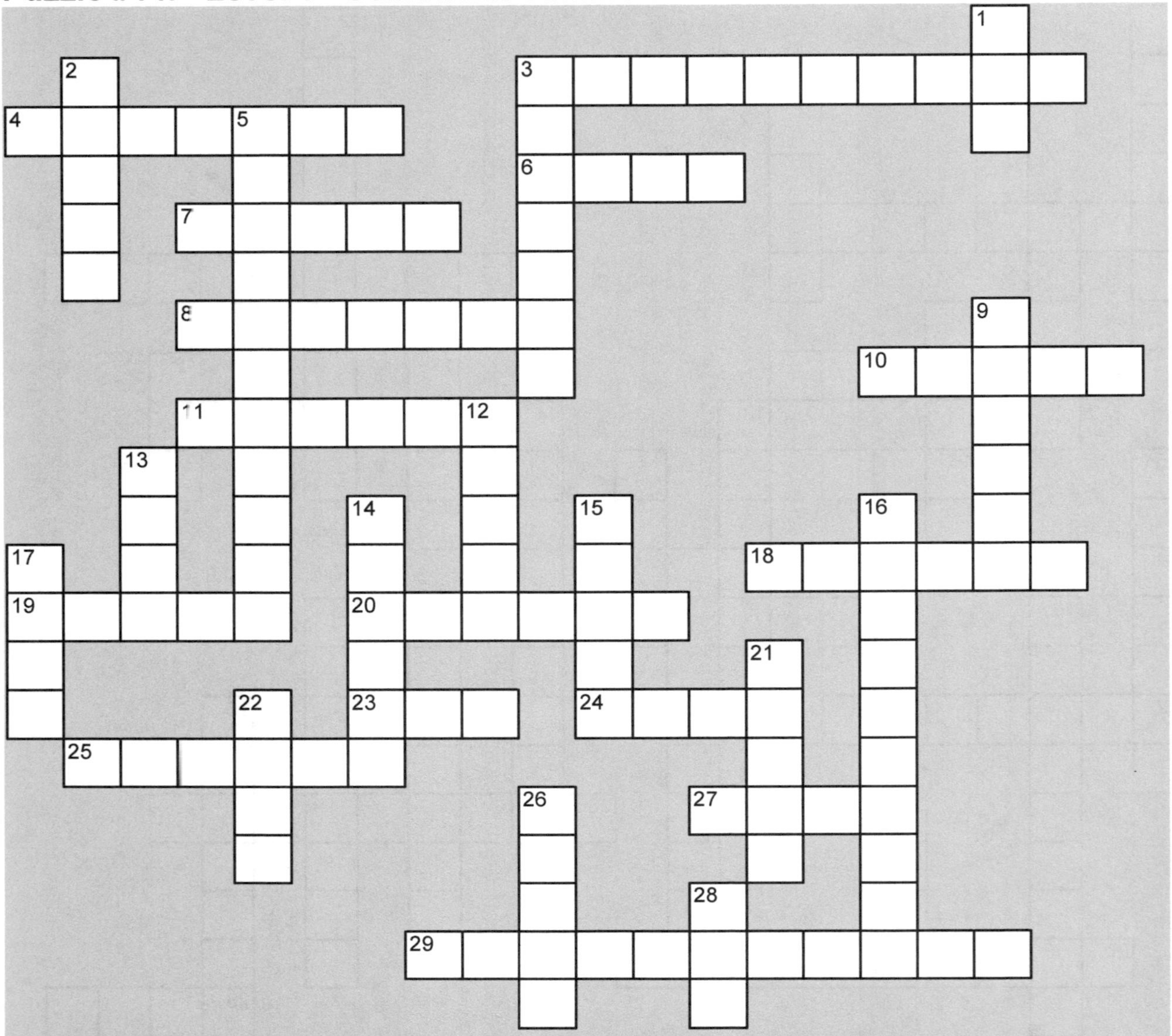

© Philip M. Parker, INSEAD; www.websters-online-dictionary.org

### Across

3 فرد, شخص, تك
4 شوهر, نر, زن شخم
6 باشگاه, انجمن, گرز
7 فضا, دادن جا درفضا, دوره
8 جلو, ببعد, به جلو
10 خطا, اشتباه, سهو
11 رشد, تومور, اثر
18 سخت, نیرومند, محکم
19 نژاد
20 کوشا
23 قرمز, خونین, سرخ
24 مو, زلف
25 اندرز, خبر, نظر
27 واحد, رشما, نفر
29 اجرا, ایفا, نمایش

### Down

1 تهمت, مالیات, مالیات گرفتن از
2 اهنگ, موزیك
3 در برداشتن, شامل بودن, شمردن
5 درخور, دادن اختصاص, مناسب
9 مشترك
12 شاد, خرسند, سعادتمند
13 خبر, اخبار, اوازه
14 اخرت, مستقبل
15 برج, ماه
16 استخراج, ساخت, تولید
17 شاه, شهریار, سلطان
21 به رساندن, اوردن, موجب شدن
22 خطر, مخاطره, ریسك
26 متاثر, ناجور, بدبخت
28 هنر, استعداد, صنعت

**Solutions:** advice, appropriate, art, bring, club, common, forward, future, growth, hair, happy, husband, include, individual, issue, king, month, music, news, performance, production, red, risk, sorry, space, strong, tax, trying, unit, wrong. (30 words). See www.websters-online-dictionary.org

# Puzzle #15:  Level 1 - Somewhat Common

## Across

3 امدن نزديك, شدن نزديك, معبر
5 عمارت, بنا, ساختمان
6 بيمارستان
8 از دست رفته, ضايع, زيان ديده
10 زور, نيرو, تحميل
13 پاسخ, دادن پاسخ
15 جوهر, بدل گرفتن, دل دادن
16 تخته
18 شكل, عدد, شخص
20 دنباله, رديف, رشته
21 بنا, ساخت, سبك
23 بريدن, بريده, تخفيف
24 ساده, بسيط, خام
25 مدرك, ثبت كردن, ضبط كردن
26 حساب, شرح
27 خاطر, دقت, نزاكت و ادب

## Down

1 گفتگو, صحبت, حرف
2 مباشر, مدير
4 سرسرا, اتاق بزرگ, عمارت
5 اساس, ماخذ, پايه
7 لطفا, دلپذير كردن, ساختن خشنود
9 دبير, رازدار, اسرار محرم
11 ميدان, دشت, دايره
12 امنيت, گرو, اطمينان
14 بصيرت, دانش, علم
17 درون, تو, باطن
19 سودمند, مفيد
20 زيرموضوع, مبتدا, به موكول
22 مشترك
24 ايست, ايستادن

**Solutions:** account, answer, approach, attention, basis, board, building, common, cut, field, figure, force, hall, heart, hospital, inside, knowledge, lost, manager, please, record, secretary, security, series, simple, stop, structure, subject, talk, useful. (30 words). See www.websters-online-dictionary.org

# Puzzle #16: Level 1 - Common

© Philip M. Parker, INSEAD; www.websters-online-dictionary.org

## Across

1 مدرن, جدید, نوین

4 اندیشه, برنامه, طرح

6 ضرب, جنبش, حرکت

9 پسر, ولد, زاد

10 نسبت, ارتباط

13 برطبق, توسط, با

14 منجر, تقدم, دادن سوق شدن

15 صفت, استعداد, خاصیت خاص

18 مقدار, قدر, حد

19 سرانجام, عاقبت

21 سبك, نور

22 نفر نه, تا نه, عدد نه

23 مقدار, قد, دازه‌ان

25 دوروبر, بر و دور, محیط

27 عادی, هنجار به, متوسط

28 تماما, سراسر

## Down

2 دلپذیر, نازنین, دلپسند

3 اخیر, دیراینده, دیر

4 پرس دستگاه, دادن فشار, کردن ازدحام

5 بودن برجسته, پروژه, طرح

7 کردن جمع, جمع, کل

8 گفتن داستان, داستان, شرح

11 سرمشق, عبرت, نمونه

12 نفوس, مردم تعداد, جمعیت

16 خط امتداد در, همراه, جلو

17 ریزه, دهنه, خرده

18 طرح, خیال, قصد

20 قرار, قبول, توافق

24 ارزش, ثروت, بها

26 پسر, شاگرد خانه, پسر بچه

**Solutions:** agreement, along, bit, boy, deal, design, environment, example, finally, late, lead, light, modern, movement, nice, nine, normal, per, plan, population, press, project, property, relationship, size, son, story, throughout, total, worth. (30 words). See www.websters-online-dictionary.org

## Puzzle #17: Level 1 - Common

### Across

4 صوت ,صداکردن ,صدا
6 طرح ,رویه ,برنامه
8 جنس ,جسم ,مربوط
9 حاصل ,دادن بسط ,حاصلضرب
11 دهکده ,ده ,روستا
13 خسارات ,ضرر ,باخت
15 زمان ,خرما ,خرما درخت
19 خرید ,خریدن ,ابتیاع
20 لفظ ,سمستر ,روابط
21 سهم ,بهره ,بخش
22 دادن شکل ,مدل ,نمونه
24 کنشوری ,کار ,تفعالي
27 معاصر ,تزند ,جریان
29 زدن بزمین ,اطاق کف, دادن شکست

### Down

1 عمل طرز ,درمان ,رفتار
2 زبده ,عمده ,اول
3 ماوراء انطرف ,دورتر
5 تقریبا
7 زوج ,جفت ,دوتا
9 فشردن ,مشقت ,فشار
10 حصار ,جدار ,دیوار
12 مهاجر ,ظهور ,درامد
14 اخص ,بخصوص ,ویژه
16 اتحاد ,انجمن ,شرکت
17 نیرو ,فعلیه قوه ,زور
18 جمعیت ,دسته ,لشگر
23 خواستن ,خواست ,ارزو
25 انتخاب ,برگزیده ,پسند
26 سکون ,ایست ,مهار
28 درجه ,مرز ,حد

**Solutions:** activity, army, association, beyond, buy, choice, couple, current, date, energy, floor, income, loss, mark, material, model, nearly, pressure, prime, product, scheme, share, sound, specific, stay, term, treatment, village, wall, wish. (30 words). See www.websters-online-dictionary.org

## Puzzle #18: Level 1 - Common

© Philip M. Parker, INSEAD; www.websters-online-dictionary.org

### Across

1 برگ, پادو, صفحه
4 زدن ادویه, دوران, فصل
5 اسکناس, برات, سند
6 مواظب, اگاه, باخبر
10 شهرستان, بخش
12 حد, اندازه, وسعت
14 عوام, محبوب, پسند توده
15 مجال, یافت دست, فرصت
18 مختار خود, مستقل
20 جذبه, التماس, درخواست
21 حجامت جام, ساغر
24 بکر, دیعب, اصیل
25 اتفاق, واقعه, رویداد
27 نازك پرده, فیلم, غبار
28 مذاکره, مشاوره, گفتگو

### Down

2 نامه درخواست, درخواست, استعمال
3 دانش, علم
4 بودن, بساط, ایستادن
7 یکسره, عینا, درست
8 روزنه, دریچه, پنجره
9 احساس
11 بودن حامله, داشتن چشم
13 تالیف, کردن انش, نوشتن کردن
15 عملکرد, اداره, عمل
16 گمان, انگاشتن, کردن فرض کردن
17 مطالبه, ادعا
19 عکس, تصویر, تصور
22 مسافرخانه, هتل, مهمانخانه
23 بوستان, باغچه, باغ
26 گاه تعمیر, دکان, مغازه

**Solutions:** appeal, application, aware, bill, claim, conference, county, cup, event, exactly, expect, extent, feeling, film, garden, hotel, independent, operation, opportunity, original, page, picture, popular, science, season, shop, stand, suppose, window, write. (30 words). See www.websters-online-dictionary.org

## Puzzle #19: Level 1 - Common

### Across

1 غروب ,سرشب
4 تقاطع ,اشتراك ,درخور
5 مضر ,نامساعد ,بدخو
7 کامپیوتر ,شمارنده
8 ندرتا
11 مشروع
12 دانش ,نوشتن باحروف, ادبیات
14 بسرعت
18 سیاهه
20 خطیر ,خطرناك ,جدی
21 اتفاق ,شانس ,بخت افتادن
23 بانسان وابسته
24 تقدیم ,تقدیم ,عرضه داشتن
25 قدر هر ,انچه هر ,انچه
28 مشروط ,اماده
29 خسروانه ,شاهوار ,شاهانه

### Down

2 مسلم ,احمق
3 مقدار ,رسیدن ,شدن بالغ
6 تحلیل
9 تصرف ,داشتن دردست گرفتن ,کردن
10 پیشین ,مقدم ,جلوتر
13 برگشتن ,برگشت, برگرداندن
15 من ,خودم ,خودم شخص خودم
16 بااینکه ,وجود با
17 هرکس ,هرچیز
19 پایین ,مادون ,درزیر
21 قسمت ,شعبه ,باب
22 خبر ,شنیدن ,کردن درك داشتن
26 نگره ,نگرش ,نظریه
27 اخرین

**Solutions:** amount, analysis, anyone, bad, below, chance, chapter, computer, despite, evening, final, hear, hold, human, legal, letter, list, meet, myself, natural, offer, previous, provided, quickly, return, royal, serious, short, theory, whatever. (30 words). See www.websters-online-dictionary.org

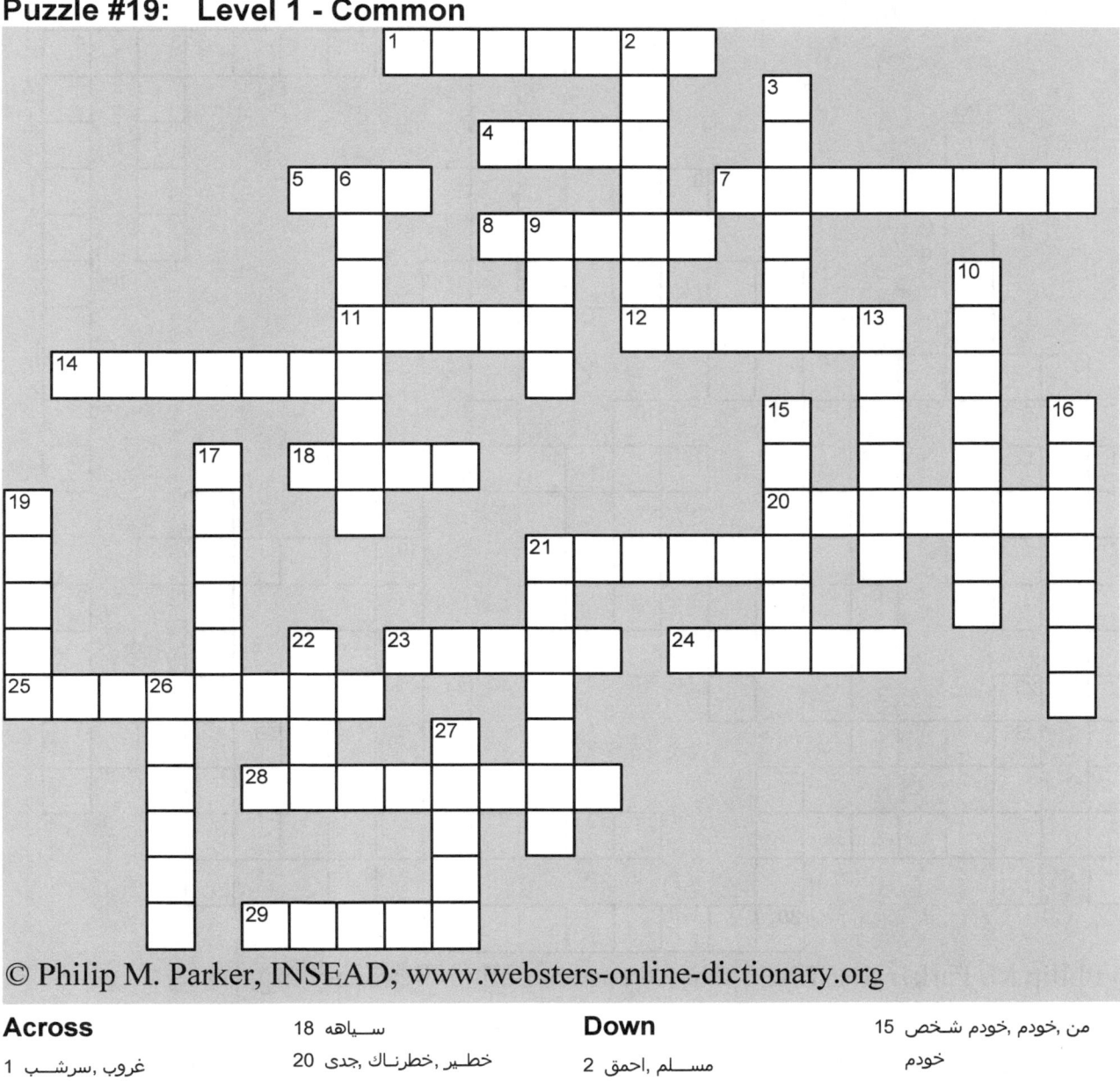

## Puzzle #20: Level 1 - Common

### Across

1 مهم ,توجه قابل ,عمده
6 محصول ,کردن تولید, فراوردن
7 دادن انجام ,رساندن بانجام, تمام
9 شمال ساکن
13 گرفتار ,گیر در ,بغرنج
17 اب صیداز ,کردن جستجو, یماه
19 چراندن ,تابستان
20 نظام ,ارتش
25 وقت ,ساعت
26 شدن سبب ,جنبش, واداشتن
28 دادن ادامه
29 میابکا
30 مدیر ,کننده اداره, فرنشین

### Down

2 صنعت اهل
3 دانستن روا ,دادن رخصت, دادن اجازه
4 فنون
5 کردن رنگ ,رنگ ,بشره
8 اغاز ,ابتدا ,شروع
10 هرصورت در ,بهرحال
11 فرق ,تفاوت ,تفاضل
12 کردن امتحان ,ازمون ,ازمایش
14 خوب ,اجازه ,خوب بسیار
15 اسوده ,اناس ,روان
16 عموما
18 فاخر ,خوب
21 شده ازموده ,ازموده
22 مگراینکه ,مگر
23 سپاس
24 ظاهرشدن
27 مهجور ,منسوخ ,مرده

**Solutions:** allow, anyway, appear, beginning, cause, colour, complete, continue, dead, difference, director, easy, fine, fish, generally, hour, industrial, involved, military, northern, okay, produce, significant, successful, summer, technology, test, thank, tried, unless. (30 words). See www.websters-online-dictionary.org

# Puzzle #21: Level 1 - Not Very Common

## Across

1 مستقیم ,کردن هدایت
3 منظور ,مقصود ,قصد
6 انداختن
7 دادن انجام ,رساندن بانجام, تمام
9 شاخه ,افزار جنگ ,بازو
11 هزار
12 شرح ,بیان ,اظهار
15 شما خود ,شما شخص
17 هزینه ,بار
19 روغن ,به زدن روغن ,روغن ساختن
20 انفصال ,سوا ,جدا
21 کردن مد ,قلم ,سبك
23 قصد ,قصد ,کردن جستجو کردن
25 تاثیر ,اعتبار ,نفوذ
26 شاید
27 اقتصاد علم ,اقتصاد
28 کردن متقاعد

## Down

2 گذاری سرمایه
4 مکان ,محل ,جا
5 فرستاده ,فرستاد
7 کمیسیون ,مامورین ,انجام
8 پارك ,مرتع ,گردشگاه
10 کردن طبابت ,دکتر
13 هسردست ,راهنما ,رهبر
14 حمل ,بردن ,گرفتن بدوش کردن
16 کارگر ,موثر عامل ,موثر
17 بافکر ,صحیح اندیشه با ودرست باز
18 کردن منقبض ,قرارداد
22 زوجه ,خانم ,بانو
24 پوشش ,لفاف ,جلد

**Solutions:** arm, attempt, carry, charge, commission, complete, considered, contract, cover, direct, doctor, economy, effective, ensure, fell, influence, investment, lady, leader, maybe, oil, park, purpose, sent, separate, site, statement, style, thousand, yourself. (30 words). See www.websters-online-dictionary.org

# Puzzle #22:   Level 1 - Not Very Common

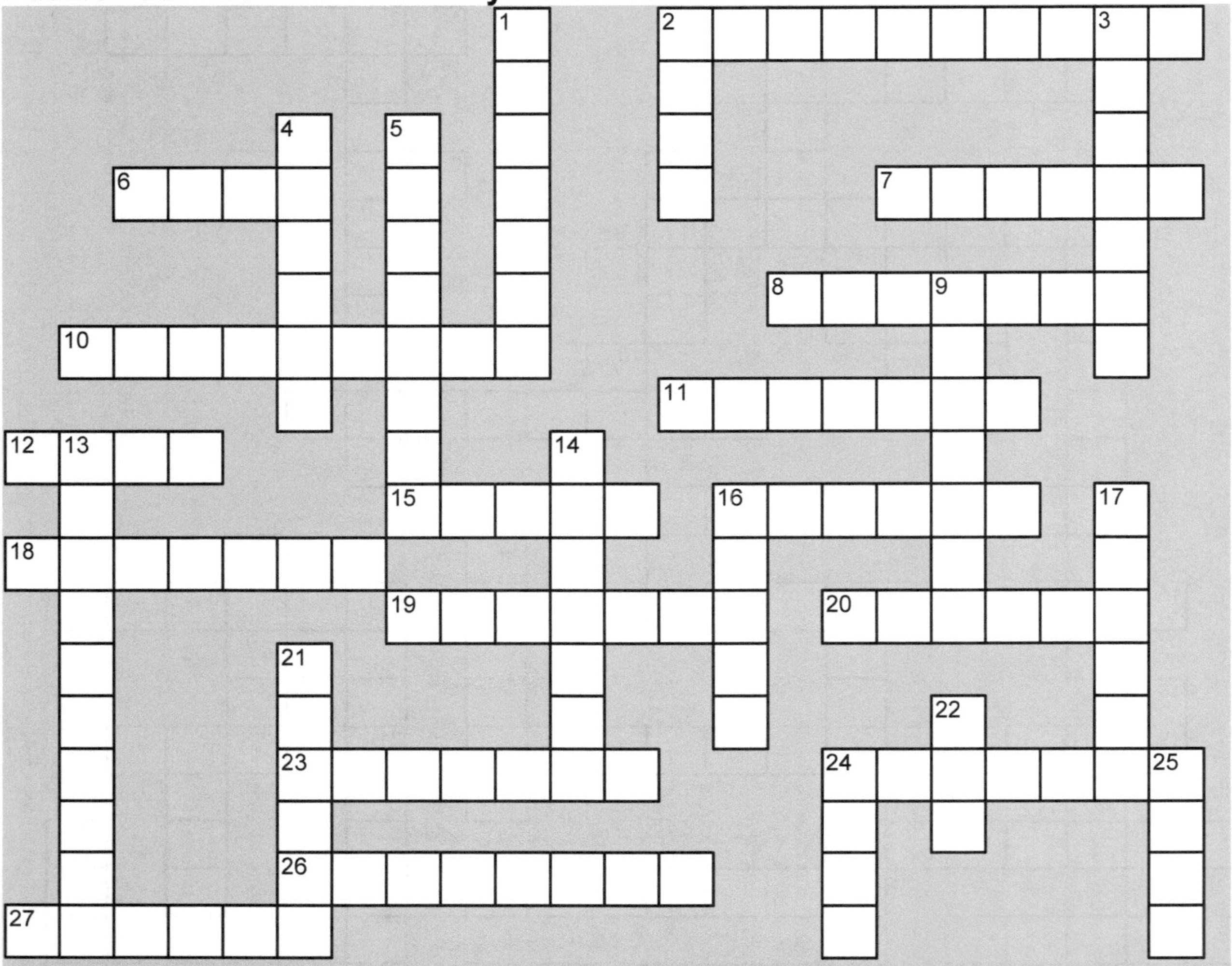

**Across**

2 مقدار, تناسب, قرینه
6 درد, درد دادن, رنج
7 سود, نفع, مزیت
8 ترازو, تراز, تعادل
10 ممتاز, بسیارخوب, شگرف
11 هوا, باد دادن, هوا و آب
12 نوزاد, کودک, بچه
15 برابر, همانند
16 جانور, حیوان
18 نظر, عقیده, گمان
19 داد, انصاف, عدالت
20 اعتبار, ابرو, اعتقاد کردن
23 عنصر, جسم بسیط, اخشیج
24 سخنگو, گوینده, ناطق
26 قرارداد, منقبض کردن
27 جستجو, گشتن, جستجو کردن

**Down**

1 دانشجو, دانش اموز, شاگرد
2 گذر, جواز, عبور
3 افسر, مامور, افسر معین کردن
4 عاجز, ناتوان
5 بار, حضار, شنودگان
9 متوسط, بالغ شدن, روبهمرفته
13 ظاهر, ظهور, نمود
14 الگو
16 جلو, رویجلو, سربجلو
17 نبرد, رزم, جنگ
21 گفتار, صحبت, سخن
22 پا, ساق پا, پاچه, شلوار
24 تابلو, اثر, اعلان
25 توانگر, دولتمند, گرانبها

**Solutions:** ahead, animal, appearance, audience, average, baby, balance, battle, contract, credit, element, equal, excellent, justice, leg, officer, opinion, pain, pass, pattern, profit, proportion, rich, search, sign, speaker, speech, student, unable, weather. (30 words). See www.websters-online-dictionary.org

## Puzzle #23: Level 1 - Not Very Common

### Across

1 برد ,شدن پیروز ,بردن
2 سرزمین ,فضا ,بوم
6 تقاضا ,اهمیت ,اعتبار
8 الت ,اسباب ,موتور
14 پاسخ ,واکنش
15 شدن قبول ,پذیرفتن, پسندیدن
16 دونده
17 متد ,اسلوب ,روش
19 چشمه ,سرچشمه ,منبع
20 جاندار ,درقیدحیات ,زنده
21 انواع ,بشر ,نوع
24 درك ,امدن ذیل در ,استنباط کردن
25 فقط ,صرفا ,تنها
26 بیشین ,اکثریت
27 باردار ,سنگین ,الود خواب
28 خسته زیاد ,امرمهم ,وظیفه کردن

### Down

1 پهن ,نامحدود ,گشاد
3 شدن سبز ,سبز رنگ ,سبز
4 کردن وصله ,دانه ,تکه
5 جایگاه ,ایستگاه
7 مخالفت ,تضاد ,ضدیت
9 ماداعت ,اعتقاد ,باور
10 باریك ,تنگ ,محدود
11 خزان ,ابشار ,افتادن
12 رتبه ,درجه ,زینه
13 نجم ,ستاره ,اختر
18 فردا
20 احتیاج ,فقدان ,بودن ناقص
22 شورا مجلس ,پارلمان ,مجلس
23 گرفتن روزه ,باوفا ,تند

**Solutions:** accept, alone, belief, degree, engine, fall, fast, follow, green, heavy, importance, lack, living, majority, method, narrow, opposition, parliament, piece, region, response, running, source, species, star, station, task, tomorrow, wide, win. (30 words). See www.websters-online-dictionary.org

# Puzzle #24: Level 1 - Not Very Common

© Philip M. Parker, INSEAD; www.websters-online-dictionary.org

## Across

5 هویدا ,واضح ,اشکار
7 مواظب ,کردن مراقبت ,ساعت بودن
9 نوشتن ,رقم ,خط
12 تمدن ,برز ,فرهنگ
13 ماشین ,دستگاه ,ماشین کردن
15 خوشگل ,قشنگ ,زیبا
16 تجهیزات
21 رنجه ,کردن دچار ,ازار
22 ابرومند ,معتبر ,دار عهده
23 کردن بازدید ,بازبین ,بازدید
25 کردن جلوس ,نشستن
26 اقامت ,باقیمانده اثر ,ماندن کردن
27 حراج فروش قابل ,فروش
28 مفهوم ,زمینه ,مفاد
29 صعود ,برخاستن

## Down

1 گرم ,حاد ,تند
2 نما ,سطح ,ظاهر
3 والا ,وگرنه ,دیگر طور
4 تنوع ,جورواجور ,واریته
6 به بودن مربوط ,بابت ,ربط
8 ارز لردوید ,بورس ,معاوضه
10 صلح ,ارامش ,وصفا صلح
11 امنیت
14 قاعده ,کردن حکومت ,دستور
17 توشه ,شرط ,بند
18 جهت ,جهت اداره ,دستور
19 مقام ,شغل ,پست
20 معلم ,اموزگار ,اموختار
24 شکست ,شکاف ,انقصال
25 حال ,شان ,وضعیت

**Solutions:** beautiful, break, character, concern, context, culture, direction, equipment, exchange, hot, machine, obvious, otherwise, peace, post, provision, remain, responsible, review, rise, rule, safety, sale, sit, status, surface, teacher, trouble, variety, watch. (30 words). See www.websters-online-dictionary.org

# Puzzle #25: Level 1 - Not Very Common

© Philip M. Parker, INSEAD; www.websters-online-dictionary.org

## Across

2 عمل, تابع, ایفاء
4 گام, درجه, رتبه
5 میوه سنگ, هسته دراوردن از, سنگ
8 حراست, حفاظت, حمایت
10 اخطار, خبر, ملتفت شدن
13 مادر, شخص خاموش
14 شرح دادن, توضیح دادن, باتوضیح روشن کردن
15 سگ نر, دنبال کردن, سگ
16 راهنما, باچارپستن, کوک کردن
17 افزودن, باهم پیوستن, اضافه کردن
18 شرکت, استوار, پابرجا
20 ازدواج, اتحاد, عقید
23 گرداورد, اجتماع, مجموعه
25 وصول کردن, پول نقد, دریافت کردن
26 بعدازظهر, عصر
27 اصل
28 شرط, حالت, وضعیت

## Down

1 سترگ, بزرگ جثه, تنومند
3 گود, ژرف
4 زرگر, اهنگر, فلزساز
6 مثبت, ساده, مطلق
7 گفتگو, بحث, مباحثه
9 دار عهده, معتبر, ابرومند
11 مربوط, وابسته, وارد
12 راست, بطورسراست, درست
19 مسابقه, امدن بهم, جور بودن با
21 سالیانه
22 ترجمه, ویژه شرح, تفسیر
24 ابدا, هیچ, بهیجوجه
25 مقر

**Solutions:** add, afternoon, annual, cash, chair, collection, condition, deep, discussion, dog, explain, firm, function, huge, key, marriage, match, mum, none, notice, positive, principle, protection, relevant, responsible, smith, step, stone, straight, version. (30 words). See www.websters-online-dictionary.org

## Puzzle #26: Level 1 - Easy

© Philip M. Parker, INSEAD; www.websters-online-dictionary.org

### Across

1 خاطره ,حافظه
3 مهم ,عمده ,سر
5 اصابت ,شدید اثر ,فشار
7 سیما ,ابراز ,بیان
8 عمل ,کردن استعمال ,ورزش کردن
10 قاعده با ,منظم ,مقرر
11 زکام ,سرما
12 یك این ,تر عقب ,اخر
15 پرستار ,همشیره ,خواهر
17 دادن شرح خوب ,منظر ,تصور
20 وحشت ,ترس ,بیم
22 تلفن ,صدا ,اوا
23 زدن پیوند ,کردن متصل, کردن ازدواج
24 عامل ,بالفعل ,پتانسیل
25 کردن خفه باگاز ,گاز ,بخار
26 پازدن ,مخارج پرداختن ,پا
27 مقیاس ,مقیاس ,گام گذاشتن
28 سرعت

### Down

2 رفتن بسرعت ,نژاد ,تبار
3 گوشه ,کردن دار گوشه ,گوشه به گذاشتن
4 نص ,وع موض ,متن
6 متحد ,متاهل ,شوهردار
9 کارخانه ,هنرکده ,گاه پیشه
10 پذیرفتن ,کردن دریافت, رسیدن
13 سپردن ,کردن اعطا ,جایزه
14 ربح با ,مولد ,بردار تنزل
16 کوشش ,تقلا
18 بودن سودمند ,صرفه ,سود
19 زدن تلفن ,تلفن ,دورگو
21 صرف ,کردن خرج ,کردن صرف شدن

**Solutions:** active, advantage, award, chief, cold, corner, effort, exercise, expression, fear, foot, gas, image, impact, join, latter, married, memory, phone, potential, race, receive, regular, scale, sister, speed, spend, studio, telephone, text. (30 words). See www.websters-online-dictionary.org

## Puzzle #27: Level 1 - Easy

### Across

4 رفتن خواب ,خوابیدن ,خواب
5 زدن لبخند ,تبسم ,لبخند
8 احتمال ,مکان ,امکان
11 شده شکسته ,شکسته, شده نقض
15 اطمینان ,اعتماد ,اعتقاد
17 تر وخیم ,بدتر
19 کردن محکم ,اسپوك ,چرخ پره
20 شبکه
22 زمستان ,شتا
23 گفتار ,شرط ,بند
25 پرارزش ,محبوب ,عزیز
26 دورکردن ,دورنگاهداشتن ,بعد
27 اینکه بر مشروط
28 دوام ,نیرو ,زور

### Down

1 بناکردن ,ساختن
2 وتصویب تدوین ,قاون وضع قانون
3 تنزل ,کردن کم ,دادن تقلیل دادن
6 پوست با ,پوست ,جلد پوشاندن
7 سفر ,جریان ,کردن پیشرفت
8 نیرومند
9 نوار ,باند
10 کردن تربیت ,سلسله ,قطار
12 صحنه ,منظره ,انداز چشم
13 ماهر ,توافق ,تظر
14 پیغام ,کردن رسالت ,پیام دادن
16 جنگل ,بیشه
18 چوب ,جنگل ,بیشه
21 کردن صحیح ,صحیح ,درست
22 خونگرم ,حرارت با ,گرم
24 طول ,درجه ,درازا

**Solutions:** article, band, broken, build, confidence, correct, dear, distance, forest, legislation, length, message, network, possibility, powerful, progress, providing, reduce, scene, skin, sleep, smile, spoke, strength, train, understanding, warm, winter, wood, worse. (30 words). See www.websters-online-dictionary.org

# Puzzle #28: Level 1 - Easy

### Across

1 منصف, بدون ابر, بازار مکاره
8 انباشتن, چرند, جنس
9 از دست دادن, تلف کردن, گم کردن
10 عامل, سازنده, حق العمل کار
12 روح, سرخلق, اوردن بسر, دادن روح
13 کشتزار, مزرعه
14 مقصود, مفهوم, ارش
15 برخوردارشدن, از برخوردارشدن, لذت بردن
17 مرا, من مال, مامن
19 حقیقت, واقعیت, اصالت وجود
21 صخره, جنبش, جنبانیدن
23 نظر, دید, منظره
24 شراب, باده
25 قفسه, اطاقک, جعبه کشودار
26 دار خانه, رام
27 باران, بارش
28 مناسب, درخور, شایسته

### Down

2 براورد, اظهارنظر, تشخیص
3 معمول, متداول, مرسوم
4 صاحب منصب, عالیرتبه
5 تپه, انباشتن, توده
6 بجا, شایسته, مربوط
7 شهبانو, شاه زن, پادشاه, ملکه
8 ناشناس, بیگانه, عجیب
11 جنایت, بزه, جرم
13 مشهور, معروف
16 سازمان
18 مقدمه, دیباچه, ابداع
20 زندان, حبس, محبس
22 دعا, رای دادن

**Solutions:** assessment, becoming, cabinet, crime, domestic, enjoy, factor, fair, famous, farm, hill, introduction, lose, meaning, mine, official, organization, prison, proper, queen, rain, reality, rock, sight, spirit, strange, stuff, usual, vote, wine. (30 words). See www.websters-online-dictionary.org

## Puzzle #29: Level 1 - Easy

### Across

1 حالت, برخورد طرز, گرایش
5 نشان بطوربرجسته, سیما ریخت, دادن
6 مقر, مسند, جا
8 ارباب, دانشور, مرشد
10 شیرین, نرم, گوارا
11 پرخرج, گران
14 طریقه, طرز, رفتار
15 مهتر, ارشد, بزرگتر
16 هدف, نشان, نشانگاه
20 استعمال, برنده بکار, کاربر کننده
21 شوهر و زن, وجز, جفت
22 جاده, راه, راه باریك
24 حدس, انگاشتن, کردن تصور زدن
26 بان دروازه, مقصد, هدف
27 مقام, گنجایش, استعداد

### Down

1 طیاره, هواپیما
2 دوتا, دوسر, همزاد
3 دادن بهبودی, کردن بهتر, کردن پیشرفت
4 محفوظ, ایمن, امن
7 دومرتبه, دوبرابر, دوبار
9 جلوه, نمایش, اظهار
12 معرفت, دانش
13 تولید, بازده, برونداد
14 گرفتن اندازه, اندازه, سنجیدن
15 فراخور, مناسب, درخورد
17 شیار, باریکه, اثر
18 بینا, بینش, دید
19 به دادن شکل, شکل, صورت
23 اخبار زنگ, کردن احاطه, حلقه
25 فرد هیچ, کس هیچ

**Solutions:** aircraft, attitude, capacity, double, expensive, feature, goal, imagine, improve, learning, manner, master, measure, nobody, output, pair, path, ring, safe, seat, seeing, senior, shape, showing, soft, suitable, target, track, twice, user. (30 words). See www.websters-online-dictionary.org

## Puzzle #30: Level 1 - Easy

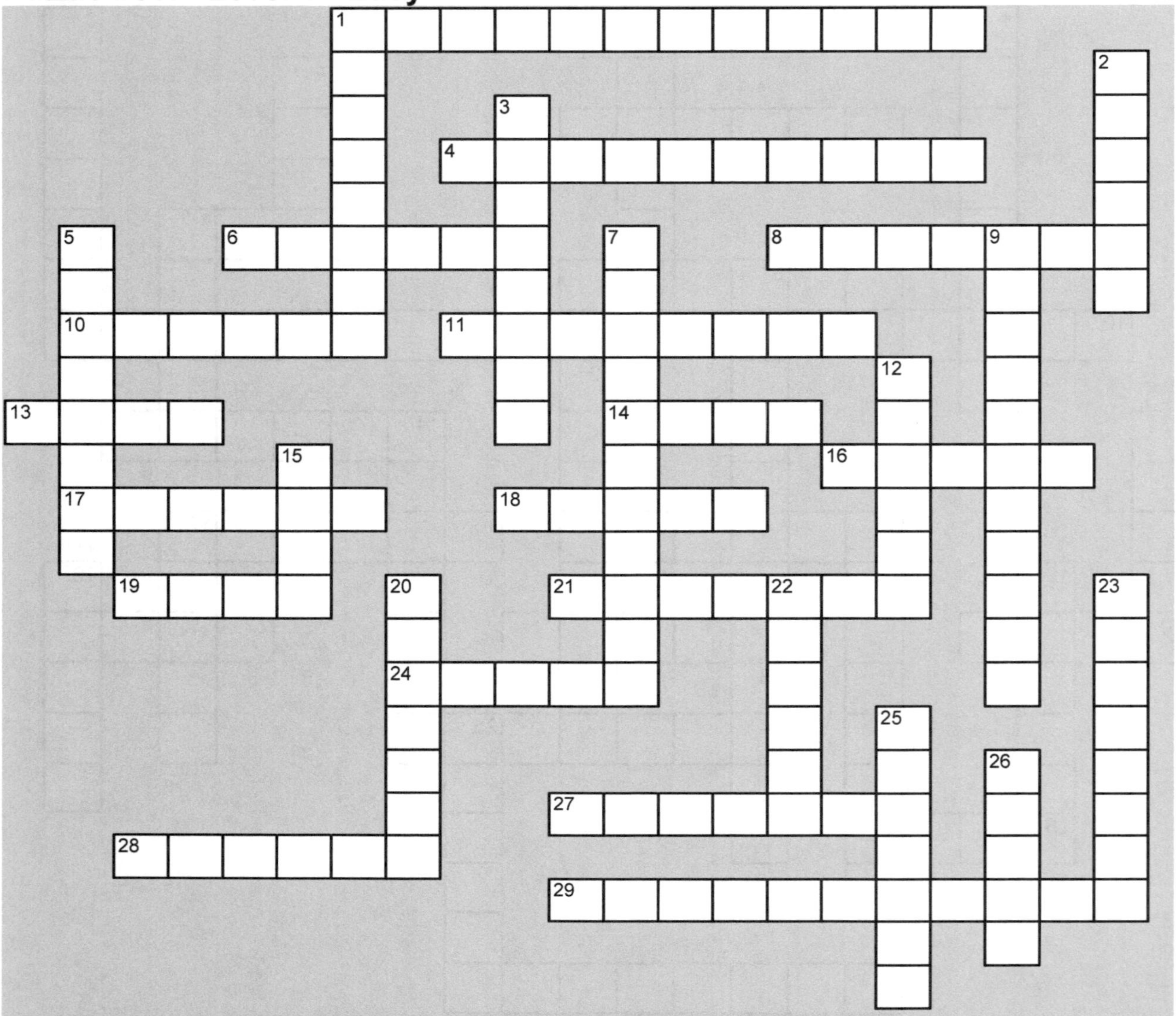

### Across

1 محاوره ,وشنید گفت ,گفتگو
4 الزام ,ارتکاب ,تعهد
6 باهوش ,تابناك ,درخشان
8 کردن ازاد ,بخشش ,کردن رها
10 موضوع ,هدف ,چیز
11 العمل عکس ,انعکاس ,واکنش
13 گردنه ,تنگه ,گردن
14 شدن ,شدن بزرگ ,رستن
16 بزرگ ,وقار با ,مشهور
17 بحران
18 ارام ,رفاه ,بیصدا
19 نسخه ,رونوشت ,جلد
21 اشکارکردن ,کردن ابراز ,تظاهر
24 عفیف ,کردن درست ,طاهر
27 غیبت ,غیاب حالت ,نبودن
28 بطور ,قشنگ ,نما خوش دلپذیر
29 صرف ,خرج ,برامد

### Down

1 نبرد ,تضاد ,برخورد
2 کشتن ,رساندن بقتل ,قتل
3 جنوب اهل ,جنوب بطرف ,جنوبا
5 شدت ,ورز ,خشونت
7 به ,بازشناخت ,شناخت شناختن رسمیت
9 چاره ,دیگر شق ,شق
12 چند یك ,جزء دریك ,نسبتا
15 ریز ,کوچولو بچه ,خرد
20 نصرت ,غلبه ,ظفر
22 استماع ,استماع ,شنیدن کردن
23 گفته ,حکم ,جمله
25 علوفه ,غذا
26 واقع ,افتادن اتفاق ,دادن رخ شدن

**Solutions:** absence, alternative, bright, clean, commitment, conflict, conversation, copy, crisis, display, expenditure, grand, grow, keeping, listen, murder, neck, object, occur, partly, pretty, quiet, reaction, recognition, release, sentence, southern, tiny, victory, violence. (30 words). See www.websters-online-dictionary.org

## Puzzle #31: Level 1 - Fairly Easy

© Philip M. Parker, INSEAD; www.websters-online-dictionary.org

### Across

3 تصادف, موقع, مورد
7 افزار, اکتشاف, حکم
9 انتخاب, فسخ خیار, اختیار
11 اسفل عالم, جهنم, دوزخ
13 مربع, چهارگوش, مجذور
14 اوردن بستوه, اضطراب, یابودن کردن اندیشناک
19 جاده, راه, مسیر
20 صبور, شکیبا, بردبار
21 گروه, انجمن, اجتماع
23 قایق
25 از غیر, رمگ, بجز
27 احترام, بزرگداشت, بزرگداشتن
29 بنیاد, بنگاه, بنداد

### Down

1 بکانون, کانون, تقاطع نقطه اوردن
2 وجه, تادیه, پرداخت
4 انشعاب, شعبه, شاخه
5 پانزده
6 دین, ایمان, اعتقاد
8 اشکار, پیدا, ظاهر
10 بخشیدن, کیف, انبساط
12 قلعه, قصر, دژ
15 همه شامل, بالاپوش, اج همه چیز
16 بودن شاهزاده, شاهزاده, ولیعهد
17 خردترین, اقل, کمترین
18 دفتر, افزودن برحجم, جلد
20 هنرپیشه, بازیکن, نوازنده
22 بکار خوردن بدرد, کردن خدمت رفتن
24 طبقه, دسته, ملك
26 گشت, سیاحت, سفر
28 رفتن بااتوبوس, اتوبوس

**Solutions:** apparent, assembly, boat, branch, bus, castle, estate, except, faith, fifteen, finding, focus, hell, institute, least, occasion, option, overall, patient, payment, player, pleasure, prince, respect, route, serve, square, tour, volume, worry. (30 words). See www.websters-online-dictionary.org

## Puzzle #32: Level 1 - Fairly Easy

© Philip M. Parker, INSEAD; www.websters-online-dictionary.org

### Across

3 جاذب ,دلکش ,دلربا
6 طلب ,خواستارشدن ,درخواست
7 ناخدا
8 دارنده ,مالك
10 خواستن ,کردن ارزو ,ارزو
12 دندان تاج ,سر فرق ,تاج
13 کردن حراست ,کردن حفاظت ,کردن حفظ
16 کردن حاضر ,کردن اماده ,اماده
18 ازاده ,روشنفکر ,وافر
20 شلوغ ,بکار دست ,مشغول
23 بر نوشتن مقدمه ,وجل ,پیش
24 با ادم ,محترم شخص ,اقا تربیت
27 متعجب ,حیرت ,شگفت ساختن
28 زیر ,تر پست ,نفوذ تحت
29 دردفتر ثبت راهرودر ,دخول
30 هویت تشخیص ,شناختن دادن

### Down

1 گفتن خوشامد ,خوشامد
2 عریض ,پهناور ,گشاد
4 فرنشین ,کردن ریاست
5 نهظهرا ,ناهار
9 نوشتجات ,ادبیات ,وهنر ادب
11 ثروت ,زر ,طلا
14 بسته
15 روزنامه
17 تقاعد حقوق ,نمایش, نمایشگاه
19 جان ,نفس ,دم
21 اصابت ,برخورد ,زدن ضربه
22 مدرك ,دستاویز ,سند
25 پایین ,زیر ,ته
26 محرك ,راننده ,شوفر

**Solutions:** attractive, beneath, bottom, breath, broad, busy, captain, chairman, crown, demand, desire, document, driver, entry, exhibition, front, gentleman, gold, identify, liberal, literature, lunch, newspaper, owner, package, protect, ready, strike, surprise, welcome. (30 words). See www.websters-online-dictionary.org

## Puzzle #33: Level 1 - Fairly Easy

### Across

2 بخش, قطاع, ناحیه
6 بودن مفید, کردن احسان
8 بسط دادن, توسعه دادن, دادن پرورش
9 یاداشت, کردن توجه, تبصره
14 هدایت, نفوذ, عمده
15 کالج, دانشگاه
17 پاییدن, چشم, دیدن
19 رادیو
21 عهده, ضمانت
24 سرانجام
26 چای
27 تفرقه, تقسیم, بخش
28 سند
29 افتاب

### Down

1 دهان
3 مهم, توجه قابل, شایان
4 تماما
5 مسابقه, رقابت
7 حلقه
8 دختر
10 نماینده انتخاب, انتخاب
11 رودخانه
12 بر کردن اشاره
13 جلگه
16 مستقیما, راست سر, یکراست
18 مرض, علت
20 لیاقت, قابلیت, استطاعت
22 سخن, کردن صحبت, دراییدن گفتن
23 شدن اقعو
25 گردش, پیاده گردش, پیما راه کردن

**Solutions:** ability, benefit, campaign, college, competition, considerable, daughter, develop, directly, disease, division, election, eventually, eye, fully, happen, leading, mouth, note, radio, ran, responsibility, river, sector, speak, suggest, sun, tea, title, walk. (30 words). See www.websters-online-dictionary.org

## Puzzle #34: Level 1 - Fairly Easy

### Across

1 رها شده, پا از درامده, خرج شده
3 تاریک, تیره, تیره کردن
6 براورد
12 معتاد شدن
13 دوری کردن از, اجتناب کردن, احتراز کردن
14 بهم بستن, بکاریستن, درخواست کردن
16 خدمت, عوارض, تکلیف
17 نشانوند
18 برخورد, اتصال, تماس
21 متولد
24 بزرگ, بسیار, زیادی
25 پنجاه
26 بردست, حمایت, حمایت
27 حضور, پیشگاه

### Down

2 برنامه ریزی
4 صداقت, صدق
5 مشروط, محدود, منحصر
6 به دادن, رساندن, اذوقه
7 ضروری, واجب
8 احسان کردن, مفید بودن
9 رسانه ها
10 دانستن, اموختن, فرا گرفتن
11 انتظار کشیدن, صبر, چشم براه بودن, کردن
12 سنگ وزنه, سنگین, زنن کردن
15 روانه کردن, ارسال, اعزام داشتن, داشتن
18 افریدن, خلق شدن
19 همقطار
20 اشپزخانه
22 اتحاد
23 بردن, راندن, عقب نشاندن

**Solutions:** aid, apply, argument, avoid, benefit, born, brother, contact, create, dark, drive, duty, essential, extra, fifty, kitchen, league, learn, limited, media, planning, presence, send, spent, supply, survey, truth, wait, weight, won. (30 words). See www.websters-online-dictionary.org

# Puzzle #35: Level 1 - Fairly Easy

## Across

1 یك شخص
6 بخش, حوزه, ناحیه
7 دست‌خط, خط, نوشتجات
10 رقص, خوش ایام, گلوله
12 باضافه, به افزودن, مثبت
13 تعطیل روز, تعطیل
15 افزوده
16 خور بكار, عمل اهل, كابردی
17 خواندن, مطالعه
19 رخت, جامه لباس, ملبوس
20 برد, به رسیدن, حصول
21 بفروش رفتن, فروش, فروختن, ومعامله
22 نر جنس, گشن, مردانه
23 بازگشت, رجوع, ارجاع
24 مینا, پایگاه, پایه

## Down

1 جا, جلسه, نشست
2 شروع كردن, اغاز نهادن, اغاز
3 بجز, شمش, میله
4 اصابت, خوردن, به خوردن
5 تحریك كردن, لبه
7 پیچیدن
8 بیمه, حق بیمه
9 ربع
10 برشته كردن, سرخ كردن
11 خوردن, مصرف كردن
12 گیاه, مستقر كردن, كاشتن
14 دوره, حرفه, مسیر
18 شكست, قصور
19 بغرنج, هم تافت
21 درانبار, سهام, مایه

**Solutions:** additional, ball, bar, base, begin, brown, career, clothes, complex, district, eat, edge, failure, hit, holiday, insurance, male, plant, plus, practical, quarter, reach, reading, reference, sell, sitting, somebody, stock, wind, writing. (30 words). See www.websters-online-dictionary.org

## Puzzle #36: Level 1 - Not So Easy

© Philip M. Parker, INSEAD; www.websters-online-dictionary.org

### Across

5 داشتن نیاز ,بایستن
6 امشب
7 نگاه ,دادن نجارت ,اندوختن داشتن
9 وصایت ,اجرا
13 قهوه ,قهوه درخت
14 برخورد
15 منازعه ,کردن مناظره ,بحث
18 متداول ,عادی
19 نوشابه ,اشامیدن, نوشانیدن
22 کردن تحصیل ,یافتن دست
24 شایسته ,خور در
27 دریافت ,کشیدن بیرون کردن رسم ,کردن
28 بافراط ,بشدت
29 کردن حمل

### Down

1 راهبه
2 شدن تشنه ,انداختن خشك
3 کشور
4 وجود
8 زدن زیان ,زیان ,خسارت
10 شدن مانع ,بازداشتن
11 روزانه ,روزبروز
12 وامد رفت ,وستدارتباط داد, کردن وشد امد
15 اقاجان ,باباجان
16 صناعت
17 نخستین ,دهعم ,اولیه
20 خواستن
21 تادیه ,حل راه ,شولش
23 مایملك
25 دوازده
26 چهلمین ,چهل

**Solutions:** achieve, address, administration, choose, coffee, dad, daily, damage, debate, draw, drink, dry, existence, extremely, fit, forty, holding, kingdom, ordinary, prevent, primary, religious, require, save, solution, technical, tonight, traffic, transport, twelve. (30 words). See www.websters-online-dictionary.org

## Puzzle #37: Level 1 - Not So Easy

### Across

1 نهانگاه ,سابقه ,زمینه
5 زدن ,به رسیدن ,به زدن دست
11 ,گذاردن نشان ,کردن سرزنش بانك چك
12 مهم ,محکم ,توجه قابل
16 هرکس
17 پذیرفته
18 وخورد زد ,کردن جنگ ,جنگ
20 تقابل ,تباین ,کردن برابر
22 چهارمین
24 شام
25 توزیع
27 دلپذیر
28 ان‌امتح ,ازمایش ,رنج
29 هفته اخر تعطیل

### Down

2 مراد
3 زحمت ,اشکال
4 حکم ,دادن تشخیص ,دادرس دادن
6 ارتباط
7 یقینا ,محققا ,مسلما
8 دعوت ,طلبیدن بمبارزه کردن رقابت ,بجنگ
9 پل ,جسر ,دادن اتصال
10 مستدل ,معقول
13 ,غفلت ,کردن صرفنظر کردن فراموش
14 ,ن‌کرد وجه تهیه ,تنخواه پشتوانه
15 بند
19 حیله
20 فکر ,مفهوم ,عقیده
21 موکل ,رجوع ارباب
23 متمایل ,گراییدن ,کردن وجه به بودن
26 درخت ,بردن پناه بدرخت

**Solutions:** accepted, aim, background, bridge, challenge, check, client, communication, concept, contrast, difficulty, dinner, distribution, everybody, fight, forget, fourth, fund, joint, judge, lovely, reasonable, strategy, substantial, surely, tend, touch, tree, trial, weekend. (30 words). See www.websters-online-dictionary.org

## Puzzle #38: Level 1 - Not So Easy

### Across

3 بفریفته ,رفته بفروش, شده فروخته
5 فوتبال توپ ,فوتبال بازی
6 تحویل ,انتقال سند ,انتقال
7 طرف دریك ,درکنار ,باضافه
9 خطر
12 شدن خاموش ,ارامش ,کردن ارام
13 تکمیل ,عیار تمام ,درست کردن
16 باید
17 رویه ,روند ,روش
19 پوچ
20 گزینش ,گزین ,انتخاب
21 حقوق ضافها
24 رویهمرفته ,سرجمع بطور, جمعا
27 محرمانه ,مسدود ,بسته
29 ساختمان ,عمارت
30 اشتغال عدم

### Down

1 کردن ثابت
2 خونخوار ,الود خون ,خون برنگ
4 وخیم
8 بس
10 شرق ساکن ,شرق بطرف
11 معافیت
14 منتخب
15 ترسیده ,ترسنده ,ترسان
18 دادن شرح ,گفتن بتفصیل
22 داشتن شك ,شك ,شبهه
23 بعلم وابسته ,علم طالب
25 ماموریت ,وکالت ,وساطت
26 کردن اعطا ,دادن ,بخشیدن
28 حق ,رسد سر ,عوارض

**Solutions:** afraid, agency, beside, bloody, chosen, closed, construction, critical, danger, detail, doubt, due, eastern, empty, football, freedom, grant, ought, perfect, procedure, prove, raise, scientific, selection, silence, sold, sufficient, totally, transfer, unemployment. (30 words). See www.websters-online-dictionary.org

# Puzzle #39: Level 1 - Not So Easy

## Across

1 قابل ,محتمل غیر ,جذاب غیر اعتراض
5 قوت ,تاکید ,اهمیت
7 ظاهر وضع ,زمینه ,اهنگ
10 مواظب ,بادقت ,احتیاط با
12 پیل ,حفره ,سلول
13 ترمیم ,بهسازی ,بازساخت کردن
15 مراعات ,توجه
19 زنش ,ضربان ,ضرب
21 فنر ,بهار
22 کارت ,عضویت کارت ,مقوا تبریك
24 زادن ,ادز ,اغاز
26 طلب ,جوییدن ,کردن جستجو کردن
27 زبرین
28 سهم ,اعانه

## Down

2 لزوما
3 تحقیق
4 دیگردرجای
5 زیستن ,بودن
6 کابردی
8 کردن تهدید ,تهدید ,ترساندن
9 مانوس ,اشنا
11 مالیه ,کردن پول تهیه
14 ,کردن تاسیس ,برقرارکردن کردن تصدیق
15 برنامه اموزش
16 ,یافتن وتوسعه بصط وسعت ,شیوع
17 داخل ,شدن داخل ,اوردن بدست شدن عضویت
18 مجلس ,همایش ,انجمن
20 ,دادن ادامه ,کردن ابقا نگهداشتن
23 شهر اهل
25 گرما ,جانور شدن طلب

**Solutions:** applied, beat, birth, card, careful, cell, congress, consideration, contribution, curriculum, elsewhere, emphasis, enter, establish, exist, familiar, finance, heat, investigation, maintain, necessarily, reform, seek, setting, spread, spring, threat, unlikely, upper, urban. (30 words). See www.websters-online-dictionary.org

## Puzzle #40: Level 1 - Not So Easy

© Philip M. Parker, INSEAD; www.websters-online-dictionary.org

### Across

3 راهنما کتاب, رهبر, راهنما
7 سهو, اشتباه, خطا
8 گماشته, عامل, مامور
10 واجب
11 لطیف, رقیق, نادر
14 شما مال
15 روبرو از, ضد, روبرو
18 نتیجه, انجام, اختتام
21 کردن سجاف, سرحد, مرز
22 ترسو, زرد, اصفر
23 لحاظ, قمر اهله, منظر
25 نهار یا شام, غذا
26 سفر, رفتن سبك, سفر کردن
28 اندازه, حدود, حد
29 عرف, متداول روایت, رسم
30 ذکاوت, رساندن بقتل, مغز

### Down

1 ضمن این در, اثناء در, ضمنا
2 انتقاد
4 احساس, ادراك, اثر
5 عظیم, بزرگ, پهناور
6 سنگ زغال, زغال
9 پیمان, معاهده, داد قرار
12 رمنظ, ظاهر, نمود
13 مسافرت, سیاحت, سفر
16 باارزش, پربها, گرانبها
17 تشریح, زاب, شرح
19 خیال, منظور, قصد
20 پرفسور, استاد
24 مخزن, کردن انبار, انبار
27 زدن اتو, اطو, اتو

**Solutions:** agent, aspect, border, brain, coal, conclusion, criticism, description, error, guide, impression, intention, iron, journey, limit, meal, meanwhile, opposite, phase, professor, rare, store, tradition, treaty, trip, valuable, vast, vital, yellow, yours. (30 words). See www.websters-online-dictionary.org

## Puzzle #41: Level 1 - A Bit Tough

© Philip M. Parker, INSEAD; www.websters-online-dictionary.org

### Across

1 عهد نقض, رخنه, عهد نقض کردن
3 کاروبار, کار, امر
7 ضمانت, ضامن, تعهد
10 لذت, حظ, سرور
11 اندیشه, ادراك, تصور
14 طب, دوا, دارو
15 اشکبار, رطوبت, تر
16 دایه, مهد, پرستار
17 بودن بیزار, از داشتن نفرت, نفرت
18 کردن بند بند, بند, پرگرد
20 رحم در طفل, دن‌بارکر, بار
21 فقر
24 صاف, هموار
25 مقدار, قسمت, درصد برحسب
28 سریع, تندرو, تند
29 درهم, مخلوط
30 انجام, اجرا

### Down

2 انبساط, توسعه, بسط
4 پیشرفت, بهترشدن, بهبود
5 دسترنج, مزد, دستمزد
6 منظره, دورنما, انداز چشم
8 اقتصاد علم
9 قول, وعده, عهد
12 تولد جشن, زادروز
13 ناهموار, ناهنجار, زبر
19 ابرو, شهرت, اعتبار
22 دستاویز, بهانه, عذر
23 مجازات, تاوان, جزا
26 مجزا, سوا, جدا
27 دود استعمال, دادن دود, دود

**Solutions:** affair, apart, birthday, breach, burden, economics, excuse, expansion, guarantee, hate, implementation, improvement, joy, landscape, medicine, mixed, notion, nurse, paragraph, penalty, percentage, poverty, promise, rapid, reputation, rough, smoke, smooth, wage, wet. (30 words). See www.websters-online-dictionary.org

## Puzzle #42: Level 1 - A Bit Tough

© Philip M. Parker, INSEAD; www.websters-online-dictionary.org

### Across

2 حدقه ,اموز دانش ,شاگرد
5 پیشرفت ,بهترشدن ,بهبود
6 مهاجم ,پرخاشگر ,متجاوز
10 تماشاخانه ,اپرا اهنگ ,اپرا
12 چندگانه ,گوناگون ,متعدد
15 موثق ,اطمینان قابل ,معتبر
17 حکمران ,حاکم ,فرماندار
20 مفرط
22 کمتر ,با شد کم ,منها
24 مسافر ,عابر ,گذرگر
25 باشتاب ,موجز ,ختصرم
27 تقاضا ,دعا ,نماز
28 مالك ,صاحبخانه ,موجر
29 شالوده ,منحصربفرد ,تنها
30 عاقل ,خردمند ,دانا

### Down

1 عشق اظهار ,یورش ,تجاوز
3 ابد ,العمر مادام ,عمر
4 حربه ,اسلحه ,افزار جنگ
7 تفویض ,استعفا
8 رسیده ,سردار
9 سرباز
11 معما ,رمز ,راز
13 شفاف ,بلور
14 دالان ,دهلیز ,راهرو
16 غریب ,بیکس ,تنها
18 قدر ,حد ,مقدار
19 خم ,دوشاخه ,زانو
21 دار روش ,همست با ,دار قاعده
23 گاراژگذاردن در ,گاراژ
26 واسطه ,رسانه ,متوسط

**Solutions:** aggressive, assault, corridor, crystal, excessive, garage, governor, headed, improvement, knee, landlord, lifetime, lonely, medium, minus, multiple, mystery, opera, passenger, prayer, pupil, quantity, reliable, resignation, soldier, sole, summary, systematic, weapon, wise. (30 words). See www.websters-online-dictionary.org

## Puzzle #43: Level 1 - A Bit Tough

### Across

2 نابسنده, نارسا
6 خبرنگار, گزارشگر
7 انحراف, فساد
8 انحصار
12 قرارداد, ستد و داد, سودا معامله
14 زنبیل, سبد
15 ابرو مداد, مداد
17 نوکر, خدمتکار, خدمتگذار
20 رد
22 خانم, دلبر, بانو
25 ذریه, دانه, بذر
26 ازمایش, وسوسه, اغوا
27 نافع, بااستفاده, سودمند
28 نگهبان, حافظ, نگهدار
29 شکیب, بردباری, صبر

### Down

1 سپر, دیوار, حصار
3 غمخوار, دلسوز, همدرد
4 سروصدا, انفجار
5 ترکه, گیر برق, عصا
9 کبد مرض, سیاه جگر, جگر
10 بشقاب, رگ, مجرا
11 محو, تیره, تار
13 مانندهم, شبیه, همانند
16 شت‌در, ناگوار, تند
18 شریرانه, مضر, بد
19 بزه, گناه, خطا
20 درمان, گزیر, دارو
21 کننده انتقاد, نقاد, نقدگر
23 همسایه, مجاور, همجوار
24 مطلقا

**Solutions:** adjacent, alike, bargain, basket, beneficial, corruption, critic, evil, explosion, fence, harsh, insufficient, keeper, liver, mistress, monopoly, obscure, patience, pencil, rejection, remedy, reporter, rod, seed, server, sin, sympathetic, temptation, utterly, vessel. (30 words). See www.websters-online-dictionary.org

## Puzzle #44: Level 1 - A Bit Tough

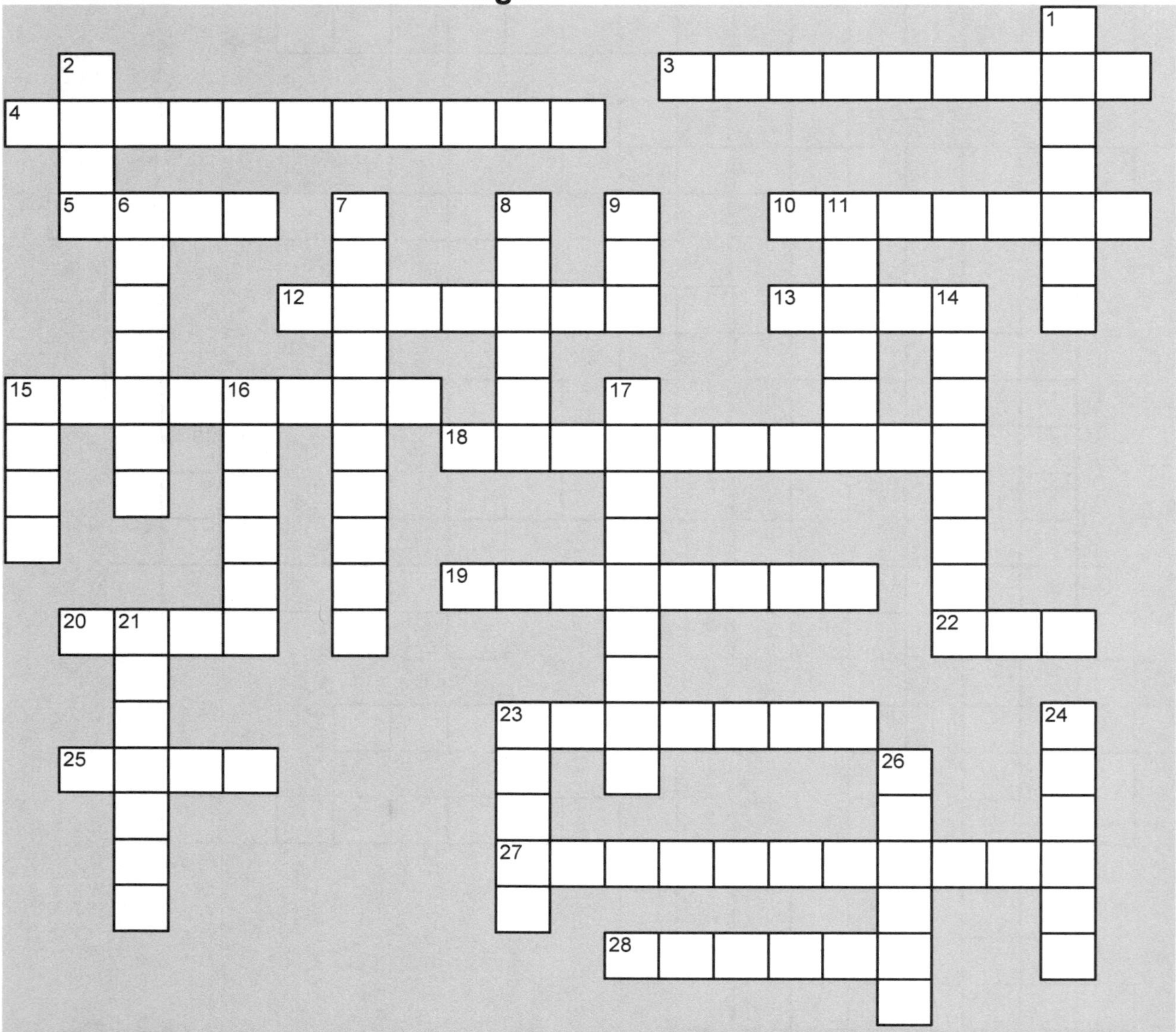

© Philip M. Parker, INSEAD; www.websters-online-dictionary.org

### Across

3 احیا ,احاله ,تقلیل
4 شرح ,بیان ,توضیح
5 اماده ,درنظرگرفتن ,نقطه پرداخت
10 مربوط
12 فهمیده ,هوش با ,کاردان
13 تقویت بهره ,سود
15 وزارت
18 هوا فشار واحد ,پناد ,جو
19 ظواهر ,ظاهر ,خارج
20 بداخلاق ,ترش ,جوهر
22 خالص ,شبکه ,تور
23 کردن صیه‌تو ,تدبیر ,اندرز
25 گروه ,توده ,انبوه
27 ربط ,ارتباط
28 باروت ,گرد ,پودر

### Down

1 مقدار ,خوشنود ,خرسند
2 تقارن محور ,قطب ,محور
6 شریك ,همسر ,انباز
7 نیرو تولید ,زایش ,تولید
8 قهرمان ,شوالیه ,سلحشور
9 کردن باد ,کیسه ,جوال
11 ساختن قادر ,ساختن توانا, کردن فراهم وسیله
14 مرتبه نوزدهمین ,نوزده عدد
15 دوشیدن ,شیر
16 محافظ پوشش ,حفاظ ,سپر
17 شگفت ,شگفت ,شگرف انگیز
21 قابل ,استعداد با ,توانا
23 به شدن دچار ,دستگیره ,اخذ
24 فراوان
26 نخورده دست ,درست ,تمام

**Solutions:** acid, atmosphere, axis, bag, capable, catch, content, correlation, counsel, enable, entire, explanation, external, gain, generation, knight, knowing, mass, milk, ministry, net, nineteen, partner, plenty, powder, reduction, related, shield, spot, wonderful. (30 words). See www.websters-online-dictionary.org

# Puzzle #45: Level 1 - A Bit Tough

### Across

3 طاقت فرسا, سخت, شاق
4 تهیه جا, مسکن
7 جنبش, وجوش جنب, طرح دادن
8 استوار, ایمن, درامان
10 نشان دادن, وانمود کردن, نمایش دادن
12 اثر, وانمود کردن, برخورد
14 دادن, استطاعت داشتن, تهیه کردن
17 استوار, وفادار, ثابت
21 مقصود, مفاد, اهمیت
22 برجسته
24 مد, درست کردن, روش
26 پرونده
28 بدبختانه, متاسفانه

### Down

1 ثابت, مقطوع
2 شانه, دوش, جناح
3 الگو, نمونه, نمونه گرفتن
5 صدمه, اسیب
6 سوراخ, روزنه کندن, حفره
9 شدیدا, قویا
11 اور وحشت, وحشتناک, وحشی بسیار
13 بند, حلقه زنجیر, پیوند
15 پایدار, ثابت
16 فشار, اهمیت, تاکید
17 ارتباط, ربط
18 دهانه, افتتاح, سوراخ
19 جلد, سریع, تند
20 جهاز, سفینه, ناو
23 دره, میانکوه
25 شگفت, حیرت, درشگفت شدن
27 شباب, جوانمرد, جوان شخص

© Philip M. Parker, INSEAD; www.websters-online-dictionary.org

**Solutions**: affect, afford, constant, correlation, fashion, file, fixed, hole, housing, injury, link, motion, noted, opening, permanent, quick, represent, sample, secure, severe, ship, shoulder, significance, stress, strongly, terrible, unfortunately, valley, wonder, youth. (30 words). See www.websters-online-dictionary.org

## Puzzle #46: Level 1 - Not Very Tricky

© Philip M. Parker, INSEAD; www.websters-online-dictionary.org

### Across

1 پرداخت ,واریز ,تصفیه

5 ناشناس ,گمنام ,ناشناخته

7 اولین ,اول ,نخستین

8 دار کنایه ,دار نوک ,تیز

11 ماشین ,اتومبیل ,موتور

12 حجیم ,عظیم ,بزرگ

16 مجلس ,نشست ,جلسه

18 بردن جلو ,مساعده ,رفتن جلو

20 اور خنده ,دار خنده ,مضحك

21 اداکردن ,روشن ,کردن بیان

24 تنازع ,کردن ویا دست ,ستیز

26 همزمان ,دوره هم ,معاصر

27 زوال ,شدن خم ,انحطاط

28 برگزیده ,تیز نوك ,خاردار

29 تفسیر ,تعبیر ,ترجمه

### Down

1 دادن تکان ,تکان

2 نوار ,صوت ضبط نوار ,نوار زدن

3 کردن ذکر ,اشاره ,ذکر

4 کشیدن خود بطرف ,کشیدن, از کندن پشم

6 فرد ,غریب و عجیب ,بخدا

9 دما ,حرارت درجه ,گرما درجه

10 خانواده ,امت ,ملت

13 شصت شماره ,شصت

14 دررفتن ,فرار ,رستن

15 کاخ

17 خش ,شلوغ ,صدا

19 گماشت ,انتصاب ,تعیین

22 جمع حاصل ,کردن جمع ,مبلغ

23 ما مال ,خودمان

25 دانگ ,صدا ,صدا درجه

**Solutions:** advance, appointment, contemporary, decline, escape, express, funny, initial, interpretation, massive, mention, motor, nation, noise, odd, ourselves, palace, picked, pointed, pull, session, settlement, shock, sixty, struggle, sum, tape, temperature, tone, unknown. (30 words). See www.websters-online-dictionary.org

## Puzzle #47: Level 1 - Not Very Tricky

© Philip M. Parker, INSEAD; www.websters-online-dictionary.org

### Across

2 کامل دوران ,دور ,واگشت
3 دادن پاسخ ,جواب ,پاسخ
9 مساعد ,موافق ,دوستانه
11 اقدامات
15 نشاندار ,مشخص
17 غذا ,سوخت
18 هشیار ,تیز ,تند
20 هنرمند ,هنرور ,صنعتگر
22 اسقف
24 سالخورده ,پیر
25 دردناک ,براشفته ,تلخ اوقات
26 خواستار ,درخواست ,تقاضا شدن
27 ,کردن وارد ,کردن گرفتار گرفتارشدن
28 حامل ,رسانه ,برندگر

### Down

1 سطح ,صفحه ,ورقه
2 وابسته ,خویشاوند ,منسوب
4 مجهز ,مسلح
5 پانسیون ,حقوق ,مزد
6 زدن دوا ,خوراندن دارو ,دارو
7 خوشرو ,شاد ,خرسند
8 صبحانه ,صبحانه ,افطار خوردن
10 رمز بصورت ,برنامه ,رمز دراوردن
12 نفر نود ,نود عدد ,نود
13 هنگفت ,بزرگ ,عظیم
14 قیود ,مقررات
16 عایدی ,بازده ,درامد
19 ابراز ,پیشنهاد ,اظهار
21 دیدن ,تصور ,دید
23 فرزند ,سود ,بر
24 حیات قید در ,سرشار ,زنده

**Solutions:** aged, alive, angry, armed, artist, bishop, breakfast, code, drug, enormous, friendly, fruit, fuel, glad, involve, marked, ninety, pension, proceedings, proposal, provisions, relative, reply, request, revenue, revolution, sharp, sheet, vehicle, vision. (30 words). See www.websters-online-dictionary.org

# Puzzle #48: Level 1 - Not Very Tricky

© Philip M. Parker, INSEAD; www.websters-online-dictionary.org

## Across

1 ,کردن پوش شکر ,کردن منجمد شدن منجمد
4 موافقت ,تصویب
7 فرار ,مرد ,شخص
9 موقعیت ,محل ,جا
10 مستخدمین ,بیت اهل ,خانواده خانه
12 تصویب ,گذرگاه ,راهرو
13 چهارچوبه ,بدنه ,بست چوب
16 اتفاق ,فدرال
17 سرزمین ,زمین ,خاك
19 عالم ,دانا ,دانشمند
22 اصلیت ,خصیت‌ش ,هویت
25 ,اوردن دلیل ,کردن بحث کردن گفتگو
27 اکندن ,انباشتن ,کردن پر
28 دلخواه ,مطلوب کمال ,ارزو
29 سرود ,اواز ,شعر
30 ناطق ,سخنگو ,سخنران

## Down

2 ترعه ,مجرا
3 خرید ,ابتیاع
5 بیگاه و گاه ,گهگاه
6 ,برداشتن ,کردن برداشت بردن
8 یرگ غلط ,خواننده
11 بسته ,نهادن برهم ,بستن
14 دادن عاریه ,عاریه ,وام
15 زراعت
18 پیشکش
20 بیگانه ,بیرون ,پهن
21 تهیه برنامه ,دستور ,برنامه کردن
23 ویرایشگر ,ویراستار
24 ریشه ,شاهد ,مدار
26 حاضر خواهان ,مایل

**Solutions:** abroad, agriculture, approval, argue, channel, editor, federal, fill, framework, guy, household, ice, ideal, identity, learned, loan, location, occasionally, offering, passage, program, purchase, reader, remove, shut, soil, song, spokesman, theme, willing. (30 words). See www.websters-online-dictionary.org

## Puzzle #49: Level 1 - Not Very Tricky

### Across

1 مقرر, موضوعه قانون طبق, قانون طبق
6 توانگری, وفور, ثروت
7 پذیرا, مقبول, قبول قابل
10 پذیر نفوذ, حساس
12 دربحبوحه, بلندی, ارتفاع
14 موزه اطاق, سرسرا, راهرو
20 پایه, تاسیس, بنیاد
22 نفهمیدن درست, اشتباه, کردن اشتباه
23 کم دست, کمینه, کمترین
24 پنداشتن, شمار, ردن‌شم
25 بادپناه, دار پناه سمت
27 درگاه, بندر
29 اشاعه, نشریه, نشر
30 نماینده, تمثال, نمایش

### Down

2 بیك, بکنار, تنها صحبت طرف
3 نقشه, نگاشت, نقشه کشیدن
4 ترمیم, استرداد, بازیافت
5 خواهان, داوطلب, نامزد
8 برق
9 شمول, دین, استعداد
11 رقم, بخش, فقره
13 مقاومت عایق, مقاومت, مخالفت
15 ایین, مذهب, دین
16 نتیجه, حاصل, برامد
17 پرزور, حاد, تند
18 تقصیر, توهین, اهانت
19 سلوك, بردن, رفتار
21 اعاده, بازگشت, رفت پس
26 منظم, فرموده, مرتب
28 رویه, روکش, نما

**Solutions:** acceptable, aside, candidate, conduct, count, electricity, facing, foundation, gallery, height, item, keen, lee, liability, map, minimum, mistake, offence, ordered, outcome, port, publication, recession, recovery, religion, representation, resistance, sensitive, statutory, wealth. (30 words). See www.websters-online-dictionary.org

# Puzzle #50: Level 1 - Not Very Tricky

© Philip M. Parker, INSEAD; www.websters-online-dictionary.org

### Across

1 ضعیف, سست, کم بنیه
2 قلمرو, دایره, دورزدن
4 بشقاب, صفحه
7 رشن زار, ساحل, کناردریا
8 هدف قابل مشاهده, مقصود
10 زنده ماندن, گذراندن
11 قصد, دقت, قدم ثبات
16 کشیدن, تحمل کردن, رنج بردن
17 دروازه, در بزرگ, سد درجه
19 عمله, ایجاد کننده, کارگر
20 اشتباه, خطا, نقص
23 بازده, کفایت, عرضه
24 راز, رمز, سر
25 ازار, اذیت کردن, ازردن
26 شستشو, شستشوکردن, استحمام
27 تندرست, سالم
28 جیب, درجیب گذاردن

### Down

1 فریبنده, برد, برنده
3 امتحان کردن, ازمودن, معاینه
5 بسط, گسترش, تعمیم
6 اثاثه, انخ اثاث, اسباب
9 ارزهم, معادل, برابر
12 بو, بوییدن, عطر
13 خنده, خندان بودن, خنده صدای
14 زور, فشاربرجلو, تنه
15 قابل توجه, جالب توجه
18 بااستعداد, تابان, برلیان
21 رسا, بسنده, موثر بودن
22 غذا, ناهار, شام
24 خود, جنبه, حال

**Solutions:** adequate, bath, beach, brilliant, circle, efficiency, equivalent, examine, extension, fault, furniture, gate, healthy, hurt, laugh, meat, objective, plate, pocket, push, remarkable, resolution, secret, self, smell, suffer, survive, weak, winning, worker. (30 words). See www.websters-online-dictionary.org

## Puzzle #51: Level 1 - A Bit Tricky

### Across

5 کردن خالص ,ژاو ,خالص
9 انبوه ,الود گل ,ستبر
10 امایش ,امادش ,تهیه
11 امدن برف ,باریدن برف ,برف
13 ابجو
17 نظر مطمح ,هدف ,حوزه
18 حکمت ,فلسفه
24 کارمندان ,کارکنان ,پرسنل
26 تابع ,مربوط ,وابسته
28 چارچوب ,کردن قاب ,قاب
29 عامل
30 دخول ,ورود

### Down

1 بمیان پول ,خرج ,گذاشت درون نهاده
2 تقدم حق ,اولویت
3 نظم ,قرار ,ترتیب
4 واخواست ,شکایت ,اعتراض کردن
6 خراب ,شدن رد ,خوردن شکست شدن
7 نژند ,غمگین ,اندوهناك
8 کمتر بخش ,کهین ,اقلیت
12 خیزاب ,دادن تکان دست ,موج
14 اثر ,اورد دست ,برامد
15 دهنه ,رخنه ,درز
16 سردماغ ,خلق ,حالت
19 هموار ,هواپیما ,تراز سطح
20 کثافت ,لوث
21 حادثه ,تابع ,شایع
22 اردوگاه ,زدن اردو ,اردو
23 عهد ,شرط ,بند
25 خصم ,عدو ,دشمن
27 نمایش ,درام ,تاتر

**Solutions:** arrangement, arrival, beer, camp, clause, consequence, dependent, drama, enemy, fail, frame, gap, incident, input, minority, mood, operating, personnel, philosophy, plane, pollution, preparation, priority, protest, pure, sad, scope, snow, thick, wave. (30 words). See www.websters-online-dictionary.org

## Puzzle #52: Level 1 - A Bit Tricky

© Philip M. Parker, INSEAD; www.websters-online-dictionary.org

### Across

2 درهرقسمت ,جا درهمه ,درهرجا
5 جهت ,بمنظور ,منظور
7 امار
11 شغل ,پیشه ,اقرار
12 امیزش ,اشوره ,مخلوط
14 کار نوبت ,تغییرمکان, مبدله
16 مالکیت
19 شفاعت ,مداخله
20 رویداد ,اتفاق
24 انگشت یك باندازه ,انگشت, زدن انگشت
25 مجموع ,رفته هم روی ,تماما
27 عمو زن , خاله ,عمه
28 رخصت ,اجازه ,دستور
29 انداز چشم ,لحاظ ,نظر سعه

### Down

1 زنگ ,ناقوس ,زنگوله زنگ به اویختن
3 مدخل
4 وبرگ شاخ ,بته ,بوته
6 قصد ,غرور ,اتخاذ
8 خاك ,قلمرو ,سرزمین
9 عقیده اظهار ,پیشنهاد ,اشاره
10 پیشرفت ,ترفیع
11 کردن اجرا ,وردنا بجا ,دادن انجام
13 انبساط قوه ,تمدد ,امتداد
15 هرگاه ,که زمان هر ,که وقت هر
17 برتن ,مغرور ,گرانسر
18 قدم ثابت ,استوار, نامتناقض
21 اندیشناك ,ارزومند ,دلواپس
22 جایزه ,انعام ,ممتاز
23 شیفته ,دیوانه
26 دهانه ,دهان ,گلو

**Solutions:** altogether, anxious, assumption, aunt, bell, bush, consistent, entrance, everywhere, finger, happening, intervention, mad, mixture, ownership, perform, permission, perspective, prize, profession, promotion, proud, sake, shift, statistics, suggestion, tension, territory, throat, whenever. (30 words). See www.websters-online-dictionary.org

## Puzzle #53: Level 1 - A Bit Tricky

### Across

1 مفقود ,گم
5 کردن اجاره ,اجاره ,دادن اجاره
7 بقچه ,بسته
8 پاشیدن شن ,ماسه ,شن
9 الکل
12 وغش بیغل ,صادق ,راد
14 وصلت ,اتحاد
15 کلبه
16 انفجار ,پراندن
18 ادم ,شخص ,مرد
24 وزیدن ,دمیدن
25 هوش ,بینش ,فراست
27 ساله هفتاد ,هفتاد
28 عمق ,قعر ,ژرفا
29 قلنبه ,برجسته

### Down

2 اشکار ,اخطار ,راهنما
3 هدایت ,رهنمود ,راهنما
4 ,برانگیزنده ,موثر احساسات برانگیزنده
5 کردن تکرار ,تکرار ,بازگو
6 جدیت ,شوروذوق ,وجدوسرور
10 اگاه ,بهوش ,باخبر
11 شده وقف ,خدا ,مقدس
13 جلد ,گذاردن درپوشه ,جلد کردن
17 موجز سخن ,عبارت
19 اژیر ,اشاره ,اخطار
20 سرپوش ,جلد ,پوشش
21 تخمین ,ظن ,زدن حدس
22 مقتدر ,مسلط ,نافذ
23 هیجده هجده
26 بانگ ,زدن فریاد ,کردن گریه

**Solutions:** alcohol, alliance, blow, conscious, cottage, covering, cry, depth, dominant, eighteen, enthusiasm, fellow, guess, guidance, holy, honest, impressive, intelligence, jacket, missing, outstanding, pack, phrase, pop, rent, repeat, sand, seventy, signal, warning. (30 words). See www.websters-online-dictionary.org

# Puzzle #54: Level 1 - A Bit Tricky

## Across

1 عظمت, ترسناك يا مهيب,
ترس

5 بنياد اصل, اصل, خاستگاه

7 زره, جوشن, پست

8 متخصص, خبره, ماهر

9 هوش, بينش, فراست

12 سرد, دور

17 فرودگاه

19 كردن دونيم, شكافتن,
شكاف

22 دست دور, دور, بعيد

23 اگاه, بهوش, باخبر

25 اقبال, بخت, شانس

26 صفت, وجود, شخصيت
شخص

27 به, بتاخيرانداختن, تاخير
انداختن تاخير

28 خوشه, دسته, گوش

## Down

1 شدن موفق, رسيدن, شدن وارد

2 زمينه, گرايش, استعداد

3 كردن رام, تربيت با, نجيب

4 مالكيت, تصرف, ثروت

5 مشاهده

6 قسمت, سهم, نسبت

10 بار, كردن بار

11 رمان, بديع, نو

13 غلط, وغگودر, دروغ

14 فرياد, ندا, صدا

15 ميل, معده, اشتها

16 شرح, ارتباط, رابطه

18 ثبات, ثبت دفتر, نگاشتن

20 زن مستخدم, مستخدم,
كارمند

21 نگهبان, پاسدار

24 ابله, نادان, چرند

**Solutions:** airport, arrive, awful, calling, conscious, delay, distant, ear, employee, expert, false, gentle, guard, intelligence, load, luck, mail, novel, observation, origin, personality, possession, ratio, register, relation, remote, silly, split, stomach, tendency. (30 words). See www.websters-online-dictionary.org

## Puzzle #55: Level 1 - A Bit Tricky

### Across

2 اسیب ,اذیت ,ضرر

4 دادن تشخیص ,بر گذاردن خراج, بستن

6 موخر ,زودتر ,اصغر

9 مرض سرایت ,عفونت

12 رشته ,دراز ,قطار

16 ساختن مغلوب ,شدن چیره, بر شدن پیروز

18 قاهر ,جابر ,تند

23 خودکار بطور ,خودبخود

25 هزینه ,خرج ,برامد

27 بردن جلو ,پروردن ,خوراندن

28 پختن ,اشپز

29 کردن منتشر ,چاپ ,کردن چاپ

### Down

1 بر افکندن سایه ,ظل ,سایه

3 روزنامه برش ,برش ,مقطع

5 مشهود ,بارز ,معقول

7 شاعرانه لطف ,اشعار ,شعر

8 شانزده شماره ,شانزده

10 بسامد ,تناوب

11 برهان ,گواه ,دلیل

13 دار انگل ,دسته ,ازدحام

14 ایند خوش ,رمخ ,دلپذیر

15 غیر ,پذیر نا اجتناب ,حتما امتناع قابل

17 ثبت ,ضبط

19 ممنون ,متشکر ,سپاسگزار

20 مصیبت ,بلا ,بد حادثه

21 کردن تحریم ,کردن قدغن, لعن

22 باب ,مد ,طرز

24 کمك

26 درجه ,گام

27 مفرح ,مطبوع ,باصفا

**Solutions:** assess, automatically, ban, cook, cutting, disaster, expense, feed, frequency, fun, grateful, harm, helping, host, inevitable, infection, junior, mode, overcome, pitch, pleasant, poetry, print, proof, recording, sensible, shadow, sixteen, string, violent. (30 words). See www.websters-online-dictionary.org

## Puzzle #56: Level 1 - Tricky

© Philip M. Parker, INSEAD; www.websters-online-dictionary.org

### Across

1 فراگیری, اکتساب, استفاده
5 ماشین رل, چرخ, دور
8 شور
10 بازرس
15 کردن پوش نقره, سیم, نقره
16 تخیل, پندار, انگاشت
19 قیش, چرم
24 اجل, بازپسین, اخر
26 ترتیب, انتظام, انضباط
27 نامه ایین, تنظیم, دستور
28 خنك, سرد, خونسرد
29 اشتیاق, تشویش, اضطراب
30 شاهزاده همسر, خانم شاهزاده

### Down

2 نهر, جریان, رود
3 فخر, مباهات, غرور
4 سادس, سدس, ششم
6 یك شماره, شرکت, واحد
7 اتحادیه, دور, مدار
9 هدیه, استعداد, اورد ره
11 ذروه, اوج, قله
12 این از گذشته, ازپهلو, ازجلو
13 خالق
14 از برداشتن عکس, عکس
17 معاون, بردست, دستیار
18 مشعربر, نماینده, نمایشگر
20 پذیرش
21 قاعده, دستور, فرمول
22 دهر, وجود عالم, جهان
23 خاك, ریختن, غبار
25 بماموریت, ماموریت
به وابسته, فرستادن
ماموریت

**Solutions:** acceptance, acquisition, anxiety, assistant, besides, circuit, cool, creative, discipline, dust, excitement, formula, gift, imagination, inspector, leather, mission, photograph, pride, princess, regulation, representative, silver, sixth, stream, summit, ultimate, unity, universe, wheel. (30 words). See www.websters-online-dictionary.org

## Puzzle #57: Level 1 - Tricky

© Philip M. Parker, INSEAD; www.websters-online-dictionary.org

### Across

6 براوردکردن ,اعتبار ,براورد

8 معادله

11 اور شگفت ,العاده فوق

13 گرونامه ,گرو ,رهن

16 لا ,ورقه ,چینه

18 دست چابك ,دیلم ,ماهر

19 کردن کمك

22 به راجع ,به عطف

23 ,از گرفتن بوسه ,بوسه بوسیدن

25 نارس ,سرد ,خام

26 فراگیر ,جامع

28 , لابا درسطح ,وماهر خبره وپیچیده مشکل

29 مومیا

### Down

1 ,کردن درخواست ,استخوان خواستن

2 انجمن عضو ,شورا عضو ,رایزن

3 بازنشسته

4 اشکار ,کردن برهنه ,لخت

5 ,دستور علم ,زبان دستور نحو و صرف

7 مالیات وضع

9 چرب ,فربه ,چاق

10 خمره ,خم

12 از ,کردن ابقا ,داشتن نگاه ندادن دست

14 ویرایش ,چاپ

15 فاهش ,درشت ,ناخالص

17 مهمان

18 روزنامه دفتر ,روزنامه

20 ,مظنون ,از شدن بدگمان بودن مظنون

21 گرمابه ,حمام

24 خفته ,خوابیده ,خواب

27 رابطه ,گردن دستمال ,بند

**Solutions:** asleep, assist, bare, bathroom, bone, councillor, edition, equation, estimate, extraordinary, fat, grammar, gross, guest, jimmy, journal, kiss, layer, mortgage, mummy, raw, regarding, retain, retired, sophisticated, suspect, taxation, tie, universal, vat. (30 words). See www.websters-online-dictionary.org

# Puzzle #58: Level 1 - Tricky

## Across

7 صحیح ,درست ,معتبر

8 بردن بیرون ,کردن صادر, صادرات

10 ترکنش ,انجام ,سودا

11 مدلل ,گویا ,مستدل

13 بزور ,گرفتن بزور ,درست کردن مطالبه

15 بودن اواره ,کردن دیوانه ,ماه

18 بسرعت ,بادپا ,ناوگان گذشتن

19 معروف ,مشهور

22 زباله ,اشغال

24 به دادن درس ,درس

25 مرتب ,چیدن ,دادن ترتیب کردن

27 که هرکجا ,هرجاکه

28 شروع محل ,صفر

29 تیز ,تند ,تلخ

## Down

1 قتل

2 معتدل ,افتاده ,باحیا

3 اشغال ,کردن رد ,زدن سرباز

4 اشعار ,اشاره ,نشان

5 فراگیر ,جامع

6 نخ ,پوشاندن باپنبه ,پنبه

9 رنجش ,دادن زحمت ,دادن دردسر

12 منتظره غیر شکست ,نژند, اشفته

14 کردن کمك

16 داشتن بران ,کردن وادار

17 متوفیات ,ومیر مرگ ,میرش

20 بیگناه ادم ,مبرا ,بیگناه

21 پروردگار قدرت ,سپهر ,خدا

23 سخت ,شدید ,زیاد

24 برهان ,منطق

26 قفل

**Solutions:** arrange, assist, bitter, bother, cotton, exact, export, fleet, heaven, historic, indication, innocent, intense, killing, lesson, lock, logic, modest, moon, mortality, persuade, rational, refuse, rubbish, transaction, universal, upset, valid, wherever, zero. (30 words). See www.websters-online-dictionary.org

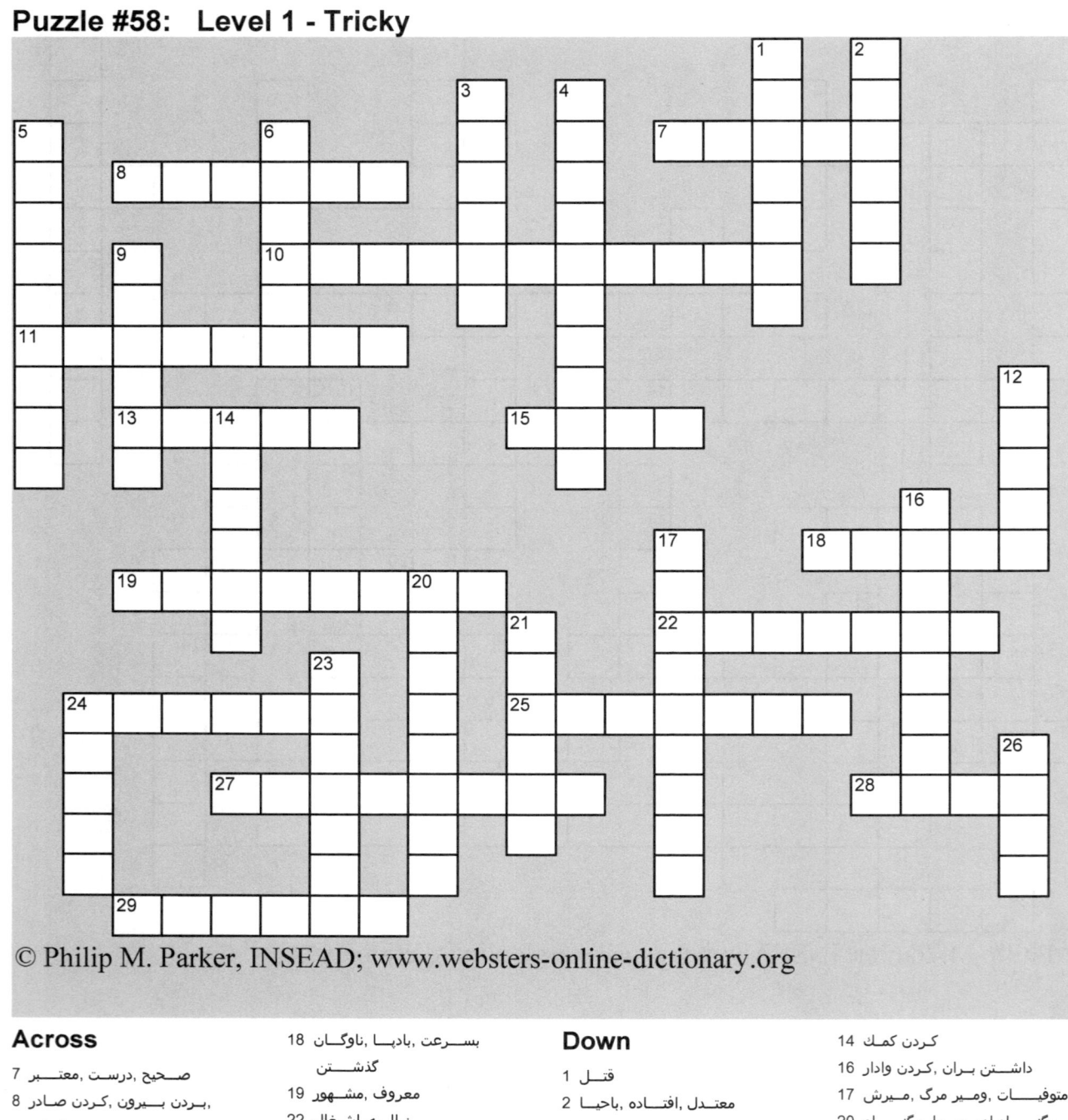

## Puzzle #59: Level 1 - Tricky

© Philip M. Parker, INSEAD; www.websters-online-dictionary.org

### Across

7 عارضه ,پدیده ,نمود
8 متقابل اثر
9 وسیله ,امکان ,سهولت تسهیل
12 شهردار
13 گرفتن باحمله ,توفان
15 الوار ,ناهنجار
17 عصر ,دوره ,مبدا
19 خودکار دستگاه ,خودکار
21 دوام ,مفاد ,جسم
22 اشغال ,شغل ,پیشه
27 کم ,حاشیه به وابسته
28 ایالت ,استان

### Down

1 کنجکاو ,نادر
2 نامعلوم چیز ,شك ,تردید
3 خواندن اواز ,سرود ,اواز
4 دریافتن ,کردن درك ,فهمیدن
5 شهادت ,دیدن ,شاهد
6 دادن شکل ,افزار ,ابزار
10 دادن کرایه دربست ,منشور, امتیاز
11 شده ثبت موضوع ,ثبت
14 محظور ,التزام
16 رضایتبخش
18 ادراك قوه مشاهده ,ادراك ,درك
20 قضاوقدر ,تقدیر ,سرنوشت
21 اب بخار ,دادن بخار ,بخار
23 نمایه ,نما برش نقشه, نیمرخ
24 باجه ,شمارنده
25 داستان پهلوان ,قهرمان ,گرد
26 شستن ,شستشو, دادن شستشو
27 امیختن ,اشوردن ,کردن درهم

**Solutions:** automatic, charter, counter, curious, era, facility, fate, hero, interaction, marginal, mayor, mix, obligation, occupation, perception, phenomenon, profile, province, realize, registration, satisfactory, sing, steam, storm, substance, timber, tool, uncertainty, wash, witness. (30 words). See www.websters-online-dictionary.org

## Puzzle #60: Level 1 - Tricky

### Across

1 دلبسته ,پیوسته ,ضمیمه
4 حکم ,رایج ,تصمیم
9 تنبیه ,مجازات ,سزا
11 ضمیمه ,اضافه ,افزایش
14 قلمرو ,حوزه ,ناحیه
17 مجلل ,باشکوه
21 ممیزه صفت ,نما منش, ویژه نشان
23 به شدن متشبث ,ملجا, شدن متوسل
26 خرد ,جز
27 طلوع ,فجر ,اغاز
28 اندازه ,انباشتن ,جسم
29 جسارت ,ریسک ,جرات

### Down

1 کبیر ,بزرگ ,بالغ
2 انبوه توده ,ابرومه توده ,ابر
3 ناگاه
5 لخت ,برهنه
6 نگهبان
7 لگدزدن ,باپازدن ,لگد
8 رد ,کردن دنبال ,اثر
10 قدح ,کاسه ,جام
12 برابر ,بدقیافه ,هموار
13 کرانه ,مرز
15 بارداد ,پذیرش ,درامد
16 جسور ,باپشتکار ,دلیر
18 متقابل اثر
19 لطیفه ,بذله
20 دادن پس حساب ,شمردن
22 ازاله ,رفع ,برداشت
24 نامه اجاره ,دادن اجاره ,اجاره
25 اغل ,بستن ,قلم

**Solutions:** addition, admission, adult, attached, boundary, bowl, bulk, characteristic, cloud, dawn, guardian, interaction, joke, kick, lease, magnificent, naked, pen, plain, punishment, pushing, reckon, removal, resort, retail, ruling, trace, unexpected, venture, zone. (30 words). See www.websters-online-dictionary.org

## Puzzle #61: Level 1 - Pretty Tricky

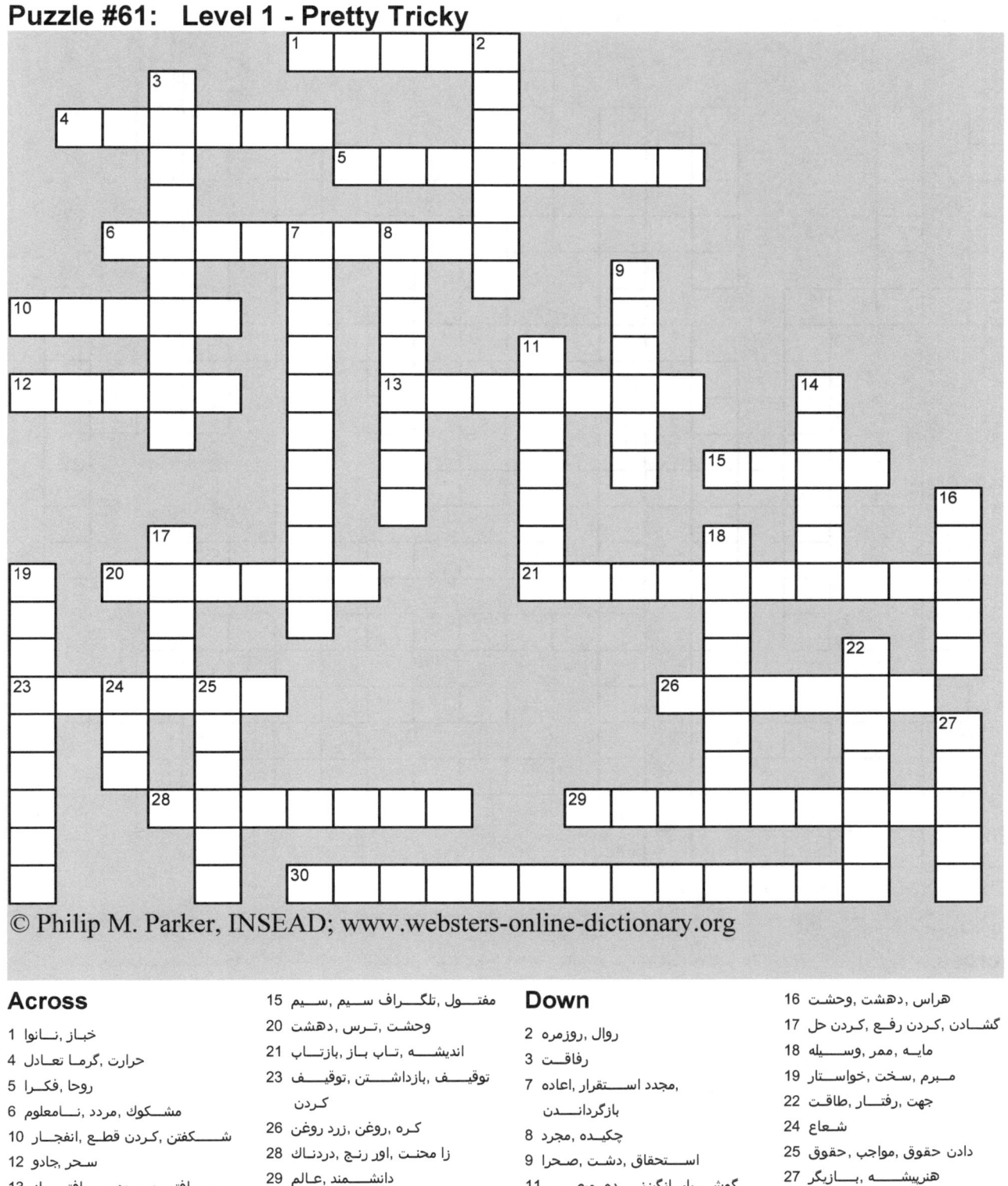

© Philip M. Parker, INSEAD; www.websters-online-dictionary.org

### Across

1 خباز ,نانوا
4 حرارت ,گرما تعادل
5 روحا ,فکرا
6 مشکوك ,مردد ,نامعلوم
10 شکفتن ,کردن قطع ,انفجار
12 سحر ,جادو
13 یافتن بهبود ,یافتن باز, اوردن بدست دوباره
15 مفتول ,تلگراف سیم ,سیم
20 وحشت ,ترس ,دهشت
21 اندیشه ,تاب باز ,بازتاب
23 توقیف ,بازداشتن ,توقیف کردن
26 کره ,روغن ,زرد روغن
28 زا محنت ,اور رنج ,دردناك
29 دانشمند ,عالم
30 متناظر

### Down

2 روال ,روزمره
3 رفاقت
7 مجدد استقرار ,اعاده, بازگرداندن
8 چکیده ,مجرد
9 استحقاق ,دشت ,صحرا
11 گوشیار ,انگیزنده ,مبصر
14 شکل اندازه ,قطع ,قالب
16 هراس ,دهشت ,وحشت
17 گشادن ,کردن رفع ,کردن حل
18 مایه ,ممر ,وسیله
19 مبرم ,سخت ,خواستار
22 جهت ,رفتار ,طاقت
24 شعاع
25 دادن حقوق ,مواجب ,حقوق
27 هنرپیشه ,بازیگر

**Solutions:** abstract, actor, arrest, baker, bearing, burst, butter, corresponding, demanding, desert, format, friendship, horror, magic, mentally, monitor, painful, panic, ray, recover, reflection, resource, restoration, routine, salary, scientist, solve, uncertain, warmth, wire. (30 words). See www.websters-online-dictionary.org

# Puzzle #62: Level 1 - Pretty Tricky

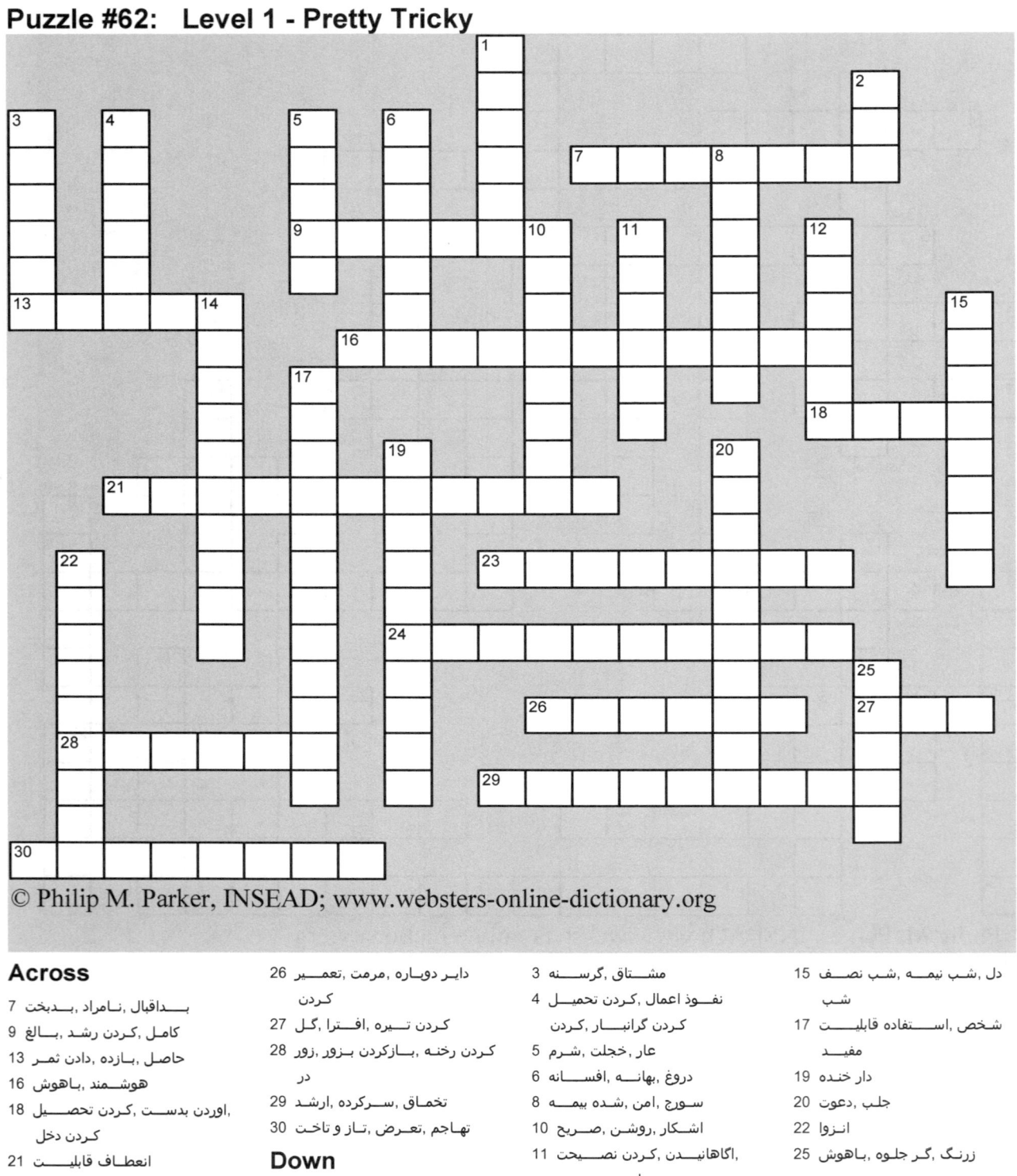

© Philip M. Parker, INSEAD; www.websters-online-dictionary.org

## Across

7 بداقبال ,نامراد ,بدبخت
9 کامل ,کردن رشد ,بالغ
13 حاصل ,بازده ,دادن ثمر
16 هوشمند ,باهوش
18 اوردن بدست ,کردن تحصیل, کردن دخل
21 انعطاف قابلیت
23 مافوق ,ارشد ,برتر
24 زیرین ,زیر از ,زیر در
26 دایر دوباره ,مرمت ,تعمیر کردن
27 کردن تیره ,افترا ,گل
28 کردن رخنه ,بازکردن بزور ,زور در
29 تخماق ,سرکرده ,ارشد
30 تهاجم ,تعرض ,تاز و تاخت

## Down

1 پرستار ,نسل ,غذا
2 خوشحال ,شوخ ,خوش
3 مشتاق ,گرسنه
4 نفوذ اعمال ,کردن تحمیل کردن گرانبار ,کردن
5 عار ,خجلت ,شرم
6 دروغ ,بهانه ,افسانه
8 سورج ,امن ,شده بیمه
10 اشکار ,روشن ,صریح
11 اگاهانیدن ,کردن نصیحت, دادن توصیه
12 عفت ,تقوا
14 احتیاط ,بصیرت ,نظر
15 دل ,شب نیمه ,شب نصف شب
17 شخص ,استفاده قابلیت مفید
19 دار خنده
20 جلب ,دعوت
22 انزوا
25 زرنگ ,گر جلوه ,باهوش

**Solutions:** advise, assured, availability, commander, discretion, earn, explicit, fiction, flexibility, foster, gay, hungry, impose, intelligent, invasion, invitation, isolation, mature, midnight, mud, repair, ridiculous, shame, smart, superior, thrust, underneath, unhappy, virtue, yield. (30 words). See www.websters-online-dictionary.org

## Puzzle #63: Level 1 - Pretty Tricky

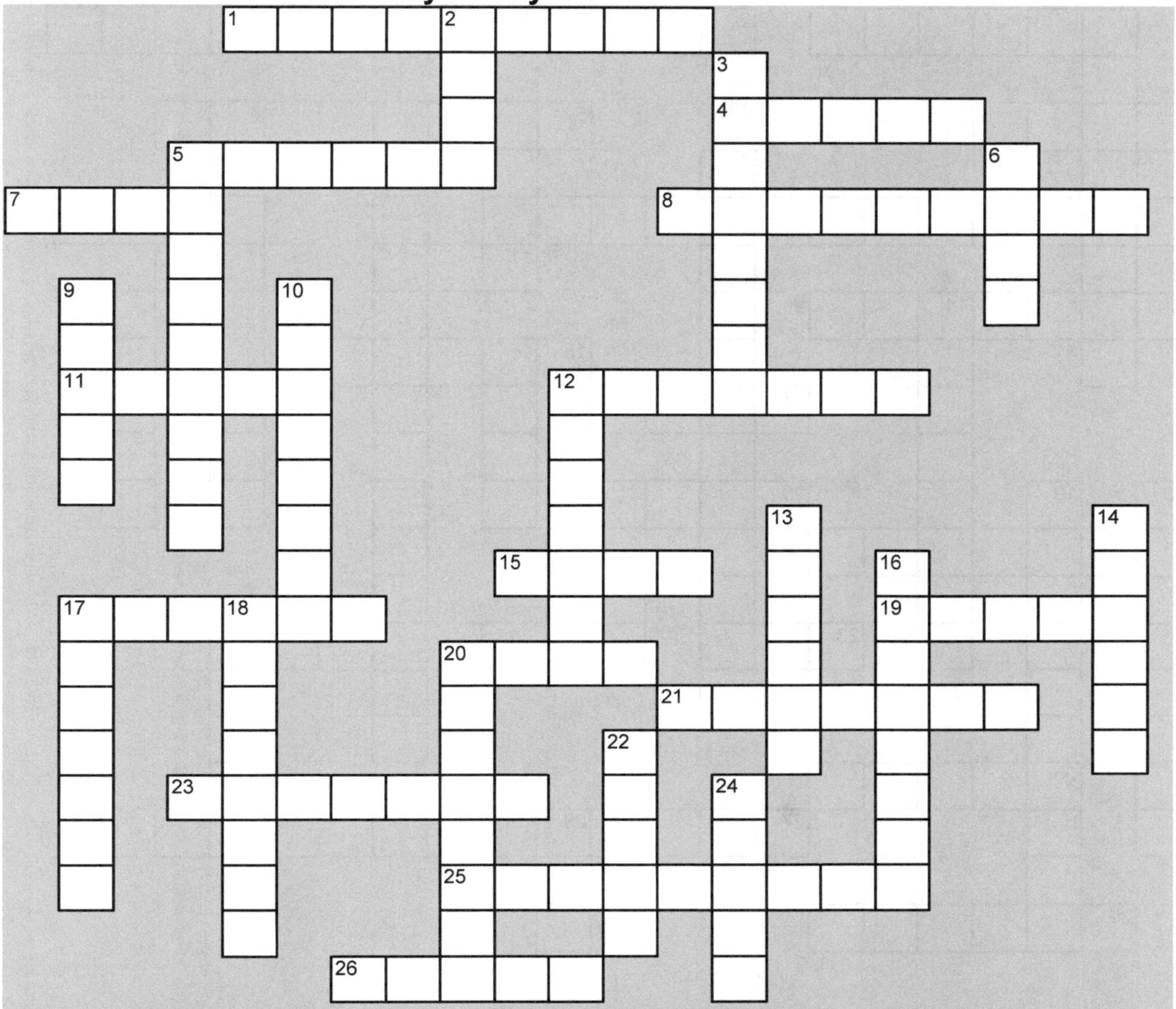

### Across

1 عقب ,ازپشت ,افتاده عقب مانده
4 شوریده ,دیوانه
5 رمز ,رقم ,نماد
7 شرح ,داستان ,افسانه
8 نیاز ,لزوم ,ضرورت
11 کردن دگرگون ,تغییردادن, کردن عوض
12 جاویدان ,همیشه برای ,ابد تا
15 کوچك نهر ,گریپ ,انفلوانزا
17 انصاف قاعده
19 سلطنت
20 فته‌گر ,راکد ,متاثر
21 معالجه ,مداوا
23 طرفدارانه ,طرفدار ,جانبدار
25 مشتاقانه ,تند ,شدید
26 وهم ,تصور ,خیال

### Down

2 مو ,پشم نخ
3 جدول ,برنامه ,فرانما
5 هفده
6 رحم ,بخشش ,دریغ
9 نمره ,درجه
10 تاجر ,سوداگر ,بازرگان
12 تشییع مراسم ,دفن مراسم جنازه
13 زودتر
14 وابسته ,دار زمین ,مالك بزمین
16 جانور ,افریده ,مخلوق
17 پریراز ,سلیقه با ,زیبا
18 مورد ,نمونه ,شاهد
20 مدت
22 خانقاه ,دیر ,صومعه
24 زننده و تند ,زننده ,کثیف

**Solutions:** abbey, alter, backwards, crazy, creature, dull, duration, elegant, equity, fancy, forever, funeral, grade, grip, instance, intensive, landed, merchant, nasty, necessity, partial, pity, reign, schedule, seventeen, sooner, symbol, tale, therapy, wool. (30 words). See www.websters-online-dictionary.org

# Puzzle #64: Level 1 - Pretty Tricky

© Philip M. Parker, INSEAD; www.websters-online-dictionary.org

**Across**

1 بخشش, بخشیدن, گذشت
2 خبرنگار, طرف معامله, مخبر
4 ابله, احمق, گول زدن
5 دنباله, ضمیمه, اویزه
8 توجیه
11 اقا, پوشیدن
12 غول
13 خادم, نوکر, بنده
15 جنس, پروردن, فرزند
17 درنگ, ایست, ایست کردن
20 وضع, طرز ایستادن, ساختمان
22 زمینه, طرح, پیرامون
23 خداحافظ
24 جهانگرد, گشتگر, سیاح
26 سرمایه
27 متاوبا, بنویست
29 تعلق داشتن, وابسته بودن

**Down**

1 فراور, فراورگر, کننده تولید
3 بسط یافتن, بسط دادن, دادن توسعه
6 برخورد, شیوع مرض, تصادف
7 صاحب کارخانه, سازنده, تولید کننده
9 خردمند
10 اونیفورم, تحدم الشکل, متحدالشکل
14 خودبین, متکبر
16 هتك ناموس کردن, تجاوز, کردن بناموس
18 پیشتر
19 توجه, حضار, حضور
21 پاکیزه, شسته و رفته, تمیز
25 کنار دریا, بساحل رفتن, ساحل
28 پشت, بلند کردن, دنبال

**Solutions:** alternatively, appendix, asset, assuming, attendance, belong, breed, bye, correspondent, don, expand, fool, formerly, giant, halt, incidence, intellectual, justification, manufacturer, neat, outline, pardon, producer, rape, rear, servant, shore, stance, tourist, uniform. (30 words). See www.websters-online-dictionary.org

## Puzzle #65: Level 1 - Pretty Tricky

### Across

2 امپراتور
7 گفتن ,دیدن ,کردن رعایت
9 رشت ,مخوف ,ناگوار
11 دلیرانه ,شجاع ,دلیر
13 درگاه ,راهرو
14 فخر ,نور ,افتخار
15 گه ,ان ,ریدن
18 زیبا ,قیافه خوش ,دلپذیر
20 اونگ ,تاب ,اهتزاز
23 ضد ,امیز خصومت ,دشمن
24 زدن زخم ,جریحه ,جراحت
25 لطف ,کودك ,بچه
26 و گفت ,صحبت ,گفتگو شنود
27 خاطرخواه ,عاشق ,دوستدار
28 چاپخانه صاحب ,کننده چاپ, چاپگر

### Down

1 نظارت
3 اقامتگاه ,مقر ,اقامت محل
4 پس ,کردن تعمیر ,کردن اعاده دادن
5 نیمکت
6 صنعت ,پیشه , هنر
8 تشخیص
10 موثر ,استفاده قابل
12 ماهه هر ,ماهیانه
13 سپردن ذخیره ,بیعانه ,گرو
15 وتعمق تفکر ,احتکار
16 شدن متقبل ,شدن متعهد, کردن تعهد
17 تغییر ,ابداع ,بدعت
19 پایان
21 گرفتن تصمیم ,کردن رفع, داشتن مقرر
22 دعوا ,بر داشتن اعتراض, رقابت

**Solutions:** bench, brave, contest, craft, deposit, diagnosis, dialogue, doorway, emperor, ending, glory, handsome, horrible, hostile, infant, innovation, lover, monthly, observe, operational, printer, residence, resolve, restore, shit, speculation, supervision, swing, undertake, wound. (30 words). See www.websters-online-dictionary.org

## Puzzle #66: Level 1 - A Bit Advanced

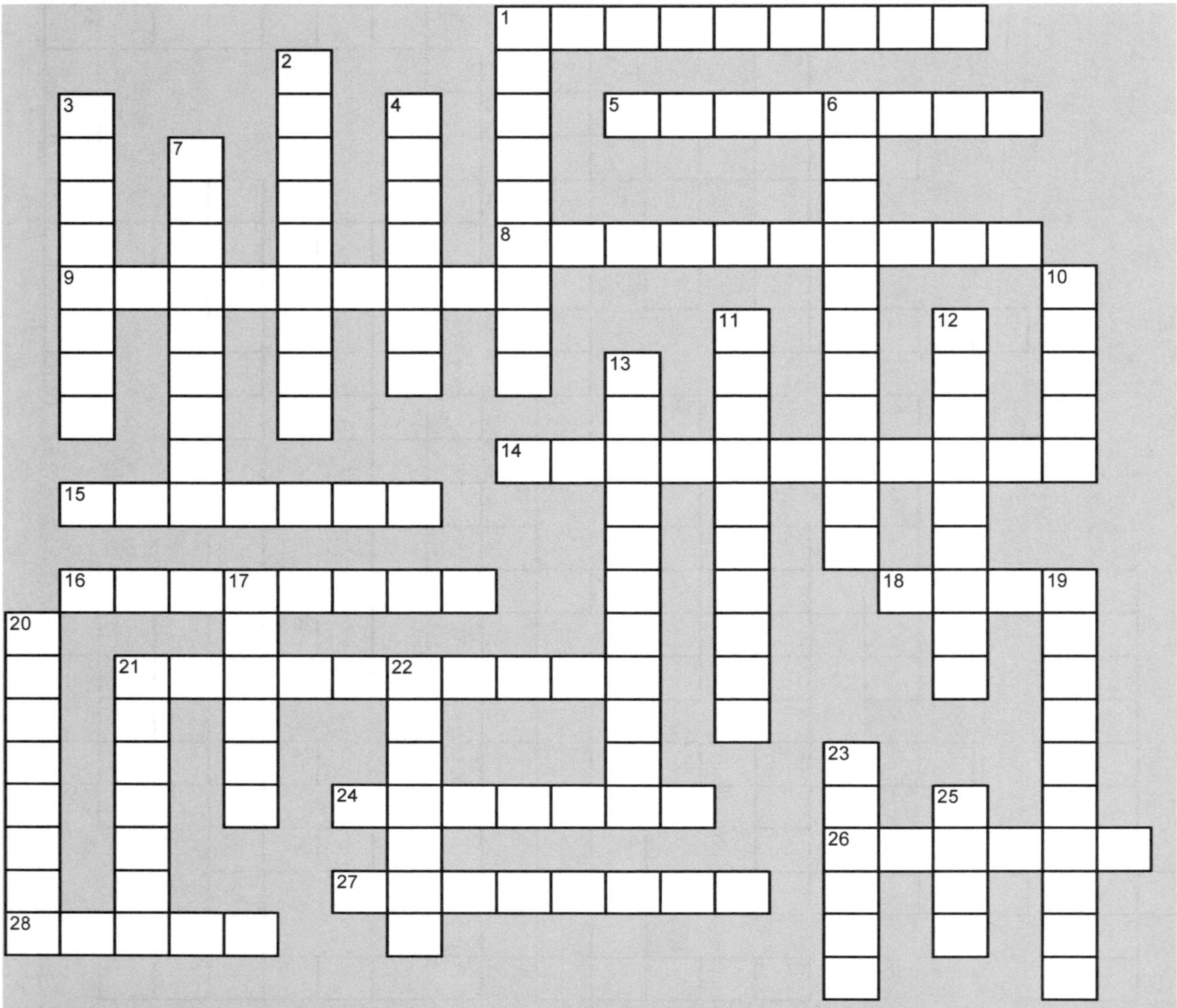

© Philip M. Parker, INSEAD; www.websters-online-dictionary.org

### Across

1 سیار بیمارستان

5 یاوه ,مهمل ,مزخرف

8 قابل ,دسترس در ,برخورد خوش وصول

9 اندازه ,ابعاد ,بعد

14 حساسیت

15 توجه جالب ,جسته بر شخص, برجسته چیز

16 مربا ,شکارگاه قرق, شکارگاه

18 ظرف ,بشقاب ,غذا

21 مشاور

24 یامانع نرده ,حصار ,سد عبوردشمن

26 انباشته

27 قابل ,گیرنده ,برجسته توجه

28 مغازه فروشنده ,دفتردار

### Down

1 تضمین ,ضمانت ,تعهد

2 برخورد ,با شدن مصادف, تصادف

3 امروزه

4 برات صرف ,انعام ,جایزه

6 تعادل ,ارامش ,موازنه

7 برجسته

10 انجام باشتاب ,عجله ,شتاب دادن

11 درست ,برحق ,مشروع

12 سوسیالیزم

13 ساخت ,کردن جعل ,ساختن

17 سراینده ,خوان اواز ,خواننده

19 نهشته ,برانگاشت ,فرض

20 باهنر ,هنرمندانه

21 رشادت ,جرات ,شجاعت

22 وفاداری ,قدم ثبات ,صداقت

23 ورزیدن اصرار

25 دار ورق زرق ,اوا بلند ,رسا

**Solutions:** accessible, ambulance, artistic, assurance, barrier, clerk, consultant, courage, dimension, dish, encounter, equilibrium, hurry, hypothesis, insist, legitimate, loud, loyalty, manufacture, nonsense, notable, nowadays, premium, preserve, prominent, sensitivity, singer, socialism, stored, striking. (30 words). See www.websters-online-dictionary.org

## Puzzle #67: Level 1 - A Bit Advanced

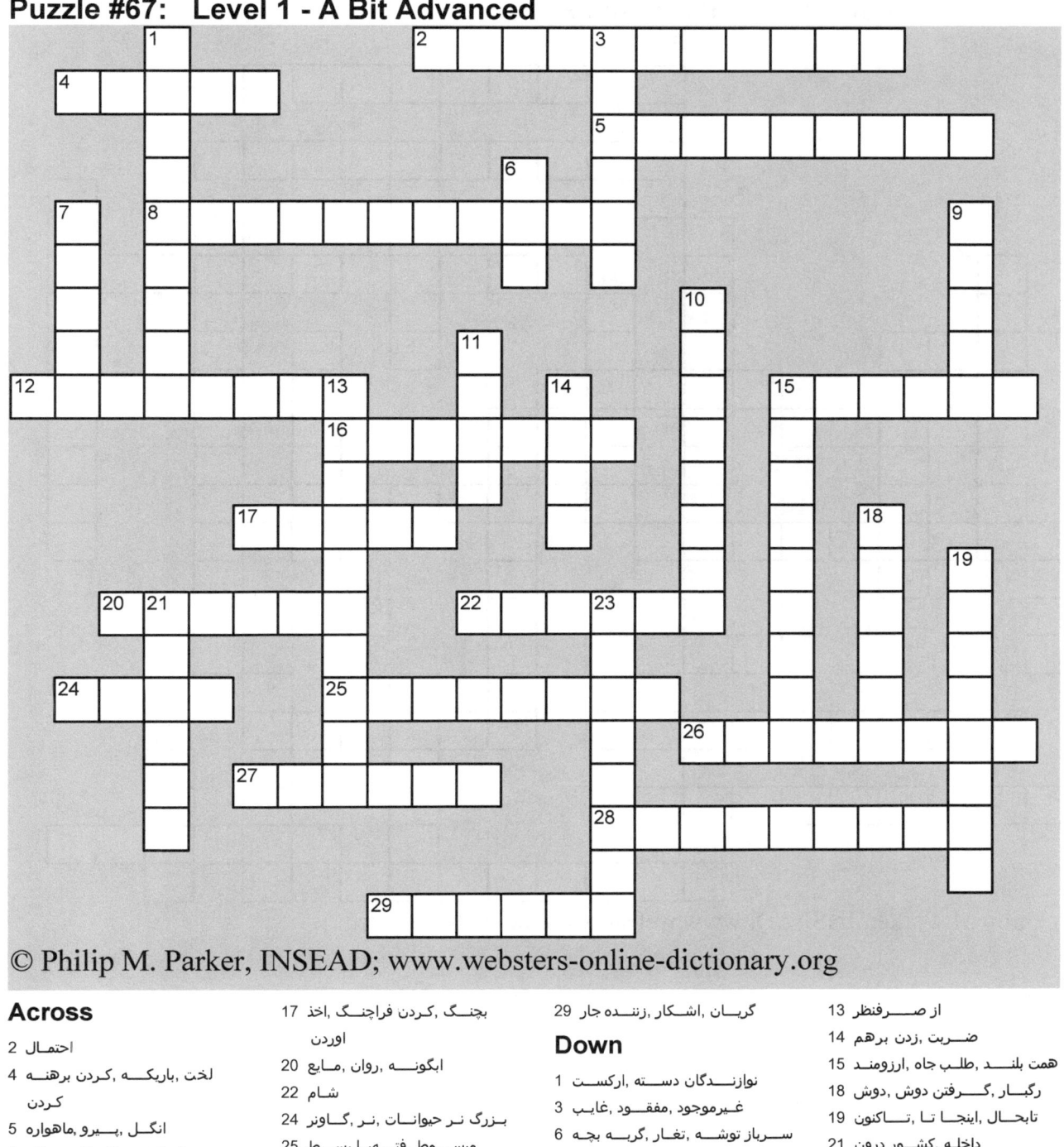

© Philip M. Parker, INSEAD; www.websters-online-dictionary.org

### Across

2 احتمال

4 لخت ,باریکه ,کردن برهنه کردن

5 انگل ,پیرو ,ماهواره

8 استکشاف ,اکتشاف

12 غریب ,بیگانه ,غریبه

15 پیوسته ,متحد

16 هیجانات ,احساسات ,شور

17 بچنگ ,کردن فراچنگ ,اخذ اوردن

20 ابگونه ,روان ,مایع

22 شام

24 بزرگ نر حیوانات ,نر ,گاونر

25 مبسوط ,فتهیا بسط

26 مراقب ,کننده مشاهده

27 معرفت ,خرد ,دانش

28 الت ,اسباب ,ابزار

29 گریان ,اشکار ,زننده جار

### Down

1 نوازندگان دسته ,ارکست

3 غیرموجود ,مفقود ,غایب

6 سرباز توشه ,تغار ,گربه بچه

7 غش ,کردن ضعف ,ضعیف

9 مبهم

10 کننده عمل ,گرداننده

11 همسر ,لنگه ,شاگرد

13 از صرفنظر

14 ضربت ,زدن برهم

15 همت بلند ,طلب جاه ,ارزومند

18 رگبار ,گرفتن دوش ,دوش

19 تابحال ,اینجا تا ,تاکنون

21 داخله ,کشور درون

23 مصر ,مبرم ,فشار

**Solutions:** absent, allied, ambitious, bull, coup, crying, emotion, expanded, exploration, faint, grasp, hitherto, implement, inland, kit, liquid, mate, observer, operator, orchestra, pressing, probability, regardless, satellite, shower, stranger, strip, supper, vague, wisdom. (30 words). See www.websters-online-dictionary.org

# Puzzle #68: Level 1 - A Bit Advanced

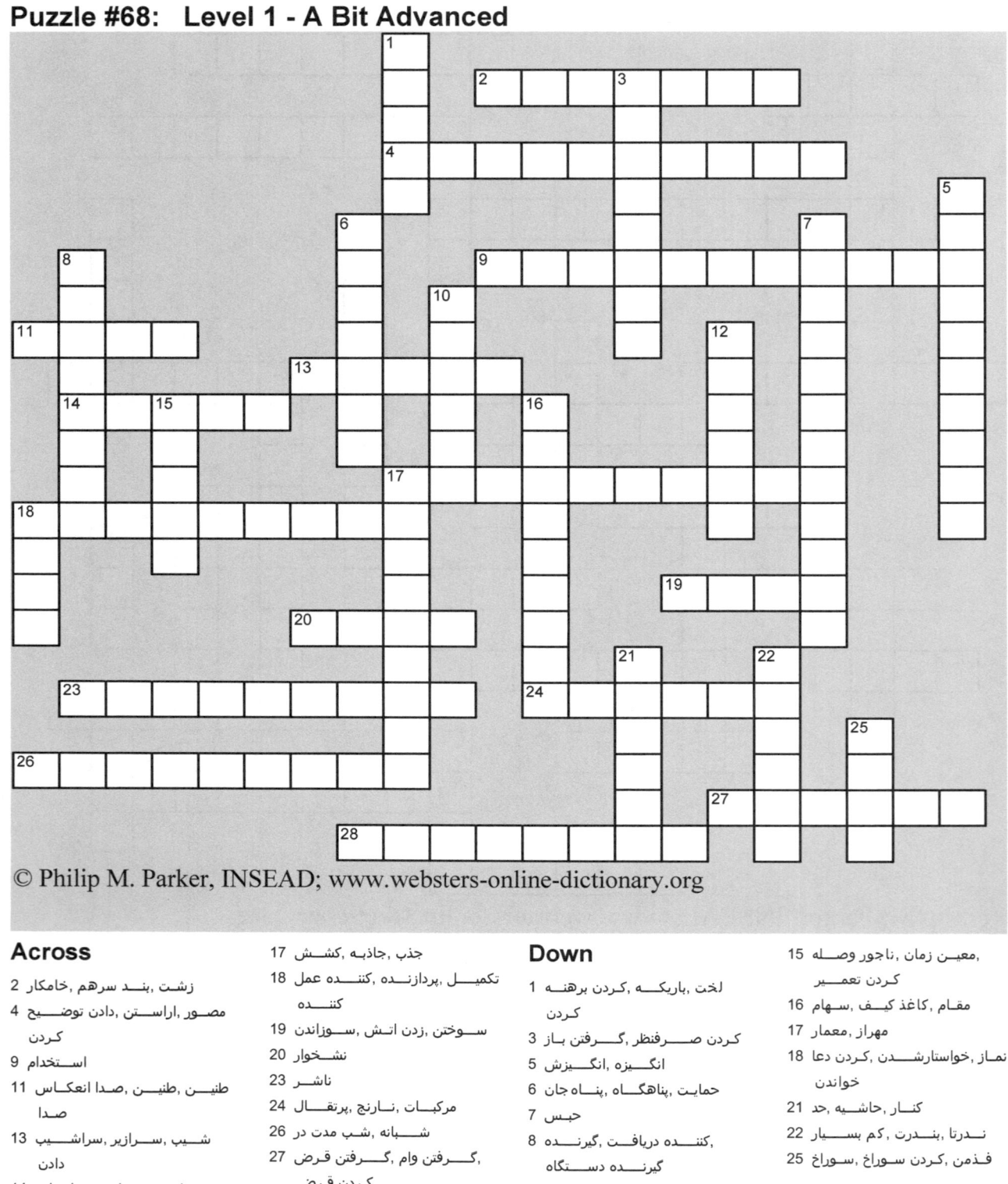

© Philip M. Parker, INSEAD; www.websters-online-dictionary.org

## Across

2 زشت ,بند سرهم ,خامکار

4 مصور ,اراستن ,دادن توضیح کردن

9 استخدام

11 طنین ,طنین ,صدا انعکاس صدا

13 شیب ,سرازیر ,سراشیب دادن

14 رساندن ,بر داشتن اشاره, فهماندن ضمنا

17 جذب ,جاذبه ,کشش

18 تکمیل ,پردازنده ,کننده عمل کننده

19 سوختن ,زدن اتش ,سوزاندن

20 نشخوار

23 ناشر

24 مرکبات ,نارنج ,پرتقال

26 شبانه ,شب مدت در

27 گرفتن وام ,گرفتن قرض, کردن قرض

28 مصر ,مبرم ,فشار

## Down

1 لخت ,باریکه ,کردن برهنه کردن

3 کردن صرفنظر ,گرفتن باز

5 انگیزه ,انگیزش

6 حمایت ,پناهگاه ,پناه جان

7 حبس

8 کننده دریافت ,گیرنده, گیرنده دستگاه

10 سینه ,برابر

12 جواز ,دادن اجازه ,اجازه

15 معین زمان ,ناجور وصله, کردن تعمیر

16 مقام ,کاغذ کیف ,سهام

17 مهراز ,معمار

18 نماز ,خواستارشدن ,کردن دعا خواندن

21 کنار ,حاشیه ,حد

22 ندرتا ,بندرت ,کم بسیار

25 فذمن ,کردن سوراخ ,سوراخ

**Solutions:** architect, attraction, awkward, bore, borrow, breast, burn, echo, illustrate, imply, imprisonment, margin, motivation, orange, overnight, patch, permit, portfolio, pray, pressing, processor, publisher, quid, receiver, recruitment, seldom, shelter, steep, strip, withdraw. (30 words). See www.websters-online-dictionary.org

## Puzzle #69: Level 1 - A Bit Advanced

### Across

2 حقه ,خدعه ,رمز
4 اشفتن ,لرز ,جنباندن
6 اسطوره ,افسانه
8 ماندن بیدار ,شدن بیدار, کردن بیدار
11 زدن باد ,بزن باد ,بادبزن
13 روز چهارده ,دوهفته
15 عموم اجتماع محل ,دادگاه ,بازار
18 وخورد زد ,رزم ,نبرد
19 تغذیه ,خورش
20 افسوس ,تاسف ,افسوس خوردن
23 مطابقت ,تشابه ,تناظر
27 متعادل
28 اضافه ,افراط
29 تفکیک

### Down

1 حرکت ,زدن ,ضربه
3 عمدا ,کردن اندیشه ,تعمدا دادن انجام
4 تاثیر ,احساس ,شور
5 اساسنامه ,موضوعه قانون, حکم
7 تذکر ,ایما ,اشاره
9 پذیر کاربست ,اجراء قابل
10 تنظیم ,تعدیل ,تطبیق
12 تصویر
14 جانشین ,مابعد ,خلف
16 اونگان ,توقف ,اندروا
17 بزرگ مادر
21 اعدام ,انجام ,اجرا
22 ضمن این در ,اثناء در ,ضمنا
24 مشتاق
25 تراشیدن ,سنگین ,قبر
26 نشو نرم ,سخت ,جامد

**Solutions:** adjustment, applicable, awake, balanced, breakdown, combat, correspondence, deliberate, eager, excess, execution, fan, feeding, fortnight, forum, grandmother, grave, hint, meantime, myth, portrait, regret, rigid, sensation, shake, statute, stroke, successor, suspension, trick. (30 words). See www.websters-online-dictionary.org

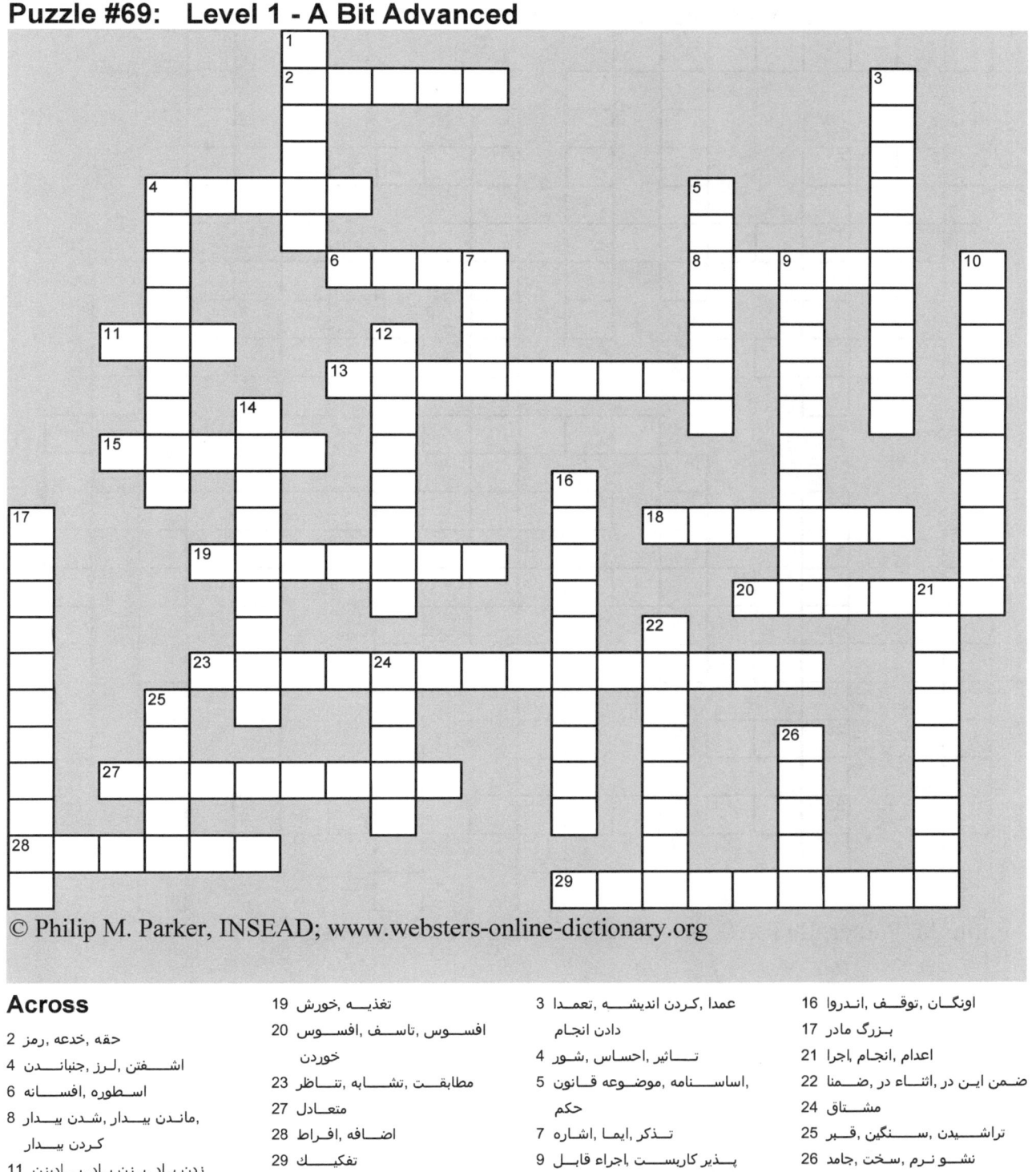

## Puzzle #70: Level 1 - A Bit Advanced

### Across

1 مورخ ,دان تاریخ ,نویس تاریخ
8 شباهت ,برابری ,مساوات
10 نظم ,شعر
11 عاطفه ,خاصیت ,مهر
12 زیاد ترس ,بلا ,دهشت
14 انگبین ,عسل ,شهد
15 کشنده ,امیز مصیبت ,مهلك
16 انبار ,مناقصه
22 دخالت
24 عمق کم ,اب کم ,ژرفا کم
26 اگرچه
28 انهمهمانخ ,منزل ,مسافرخانه
29 ناراحت
30 اجاره ,اجرت ,مزد

### Down

2 مشاور ,رایزن ,راهنما
3 رشته ,رشته ,دنباله مسلسل
4 شده سوار
5 پیشنهاد نامه ,توصیه
6 حاصل ,زدن سرشاخه ,محصول دادن
7 تمایل ,انحراف ,تکیه
9 اجازه ,اختیار
13 یورش ,اوردنهجوم ,تاز و تاخت
17 تفکیك
18 جمع ,شدن بزرگ ,شدن جمع کردن
19 فراور ,پربار ,مولد
20 مشتاق
21 بدگمان
23 اخراج ,ممانعت ,دفع
25 تصویر
27 کردن پیشنهاد

**Solutions:** adviser, affection, albeit, breakdown, crop, enthusiastic, equality, exclusion, fatal, gather, hire, historian, honey, inn, interference, leaning, liberty, mounted, portrait, productive, propose, raid, recommendation, shallow, suite, suspicious, tender, terror, uncomfortable, verse. (30 words). See www.websters-online-dictionary.org

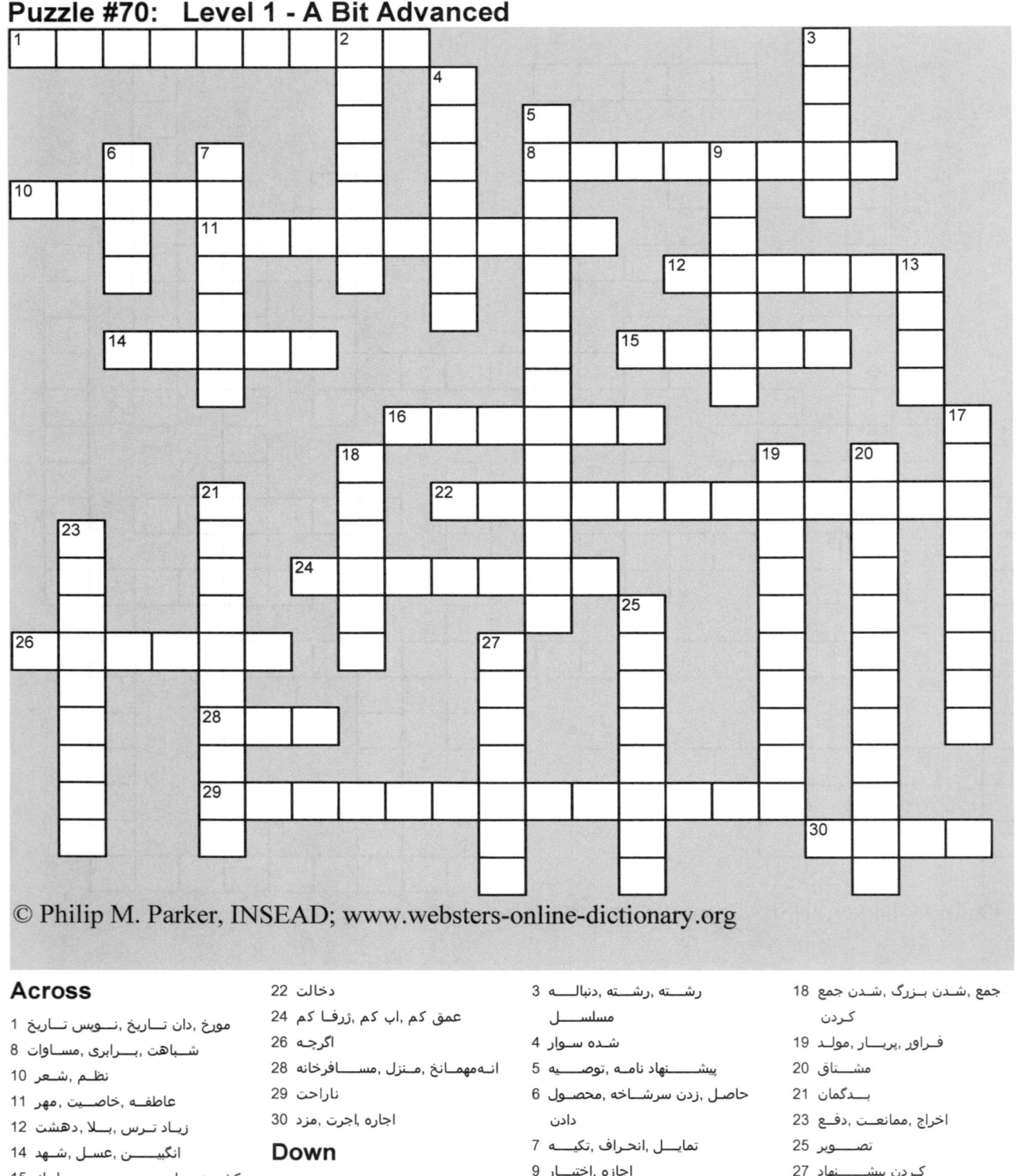

## Puzzle #71: Level 1 - Somewhat Advanced

© Philip M. Parker, INSEAD; www.websters-online-dictionary.org

### Across

2 تنور ,اجاق
4 سودقرضه ,جایزه ,انعام
6 رو پیاده ,سنگفرش
10 بردن بكار نردبان ,نردبان,
ساختن نردبان
13 بیرون ,کردن استخراج
شیره ,کشیدن
15 عداوت ,خصومت
17 بیرق ,پرچم
22 خم ,نیزار علف ,بوریا علف
23 خشمناك
24 دادن شفا ,شفا ,دارو
26 یدمف ,سوداور ,سودبخش
28 ارشد ,بزرگتر
29 ارثیه ,ارث ,میراث
30 اشامه ,ابگوشت ,سوپ

### Down

1 جنسیت
3 کردن ایراد ,کردن قول نقل,
کردن بیان نقل
5 اینده درمیان ,میانه ,متوسط
7 مبهم ,امیز اسرار ,مرموز
8 مشتاق
9 جازده ,حرامزاده
11 داشتن اظهار ,بیان ,اظهار
12 مقصود ,موضوع ,گزاره
14 الهام ,استنشاق ,شهیق
16 صادق ,ثابت ,باوفا
18 کمال ,بلوغ
19 باریك ,دراز
20 رنجش ,غم ,اندوه
21 مطران ,اعظم اسقف
25 ثروتمند ,دولتمند ,دارا
27 ارغنون ,اندام ,ارگ

**Solutions:** archbishop, bastard, bent, bonus, cure, elder, enthusiastic, extract, flag, furious, grief, heritage, hostility, inspiration, intermediate, ladder, linear, loyal, maturity, mysterious, organ, oven, pavement, profitable, proposition, quote, remark, sexuality, soup, wealthy. (30 words). See www.websters-online-dictionary.org

## Puzzle #72: Level 1 - Somewhat Advanced

### Across

4 کوچ ,مهاجرت
7 کشنده ,قاتل
8 در واقع ,در شده واقع
9 نامطبوع ,ناگوار
10 رف ,تاقچه
15 زننده
16 کردن ترجمه ,کردن تفسیر
17 مشوق ,انگیزه ,افروز اتش
18 اشك ,دریا ,گرفتن سیل
19 اور الزام ,اجباری ,انقیاد
20 زدن فریاد ,فریاد ,داد
22 داشت چشم ,انتظار
24 باشهامت ,پیچ ,جسور
27 خصوصیات ذکر ,تصریح, تشخیص
28 مزایده ,کردن حراج ,حراج
29 طاقت ,وتر ,عصب
30 حجاجب ,دیوار ,جدار

### Down

1 محافظ
2 انحراف ,دار شیب ,شیب
3 عادت برحسب ,عادت ,رسم
5 وجود بااین
6 دندانه ,دادن برگ ,برگ
11 نصب
12 ایطشر واجد ,کردن محدود کردن راتوصیف قدرت ,شدن
13 عرضحال ,عریضه ,دادخواست
14 مقصود ,موضوع ,گزاره
21 سنا مجلس
23 بودن طلب جاه ,ارزو
25 شده وقف ,خاص ,مقدس
26 تعظیم ,شدن خم ,قوس

**Solutions:** ambition, auction, binding, bold, bow, curtain, custom, expectation, flood, incentive, installation, interpret, killer, leaf, migration, nerve, nonetheless, petition, proposition, protective, qualify, sacred, senate, shelf, shout, situated, slope, specification, striker, unpleasant. (30 words). See www.websters-online-dictionary.org

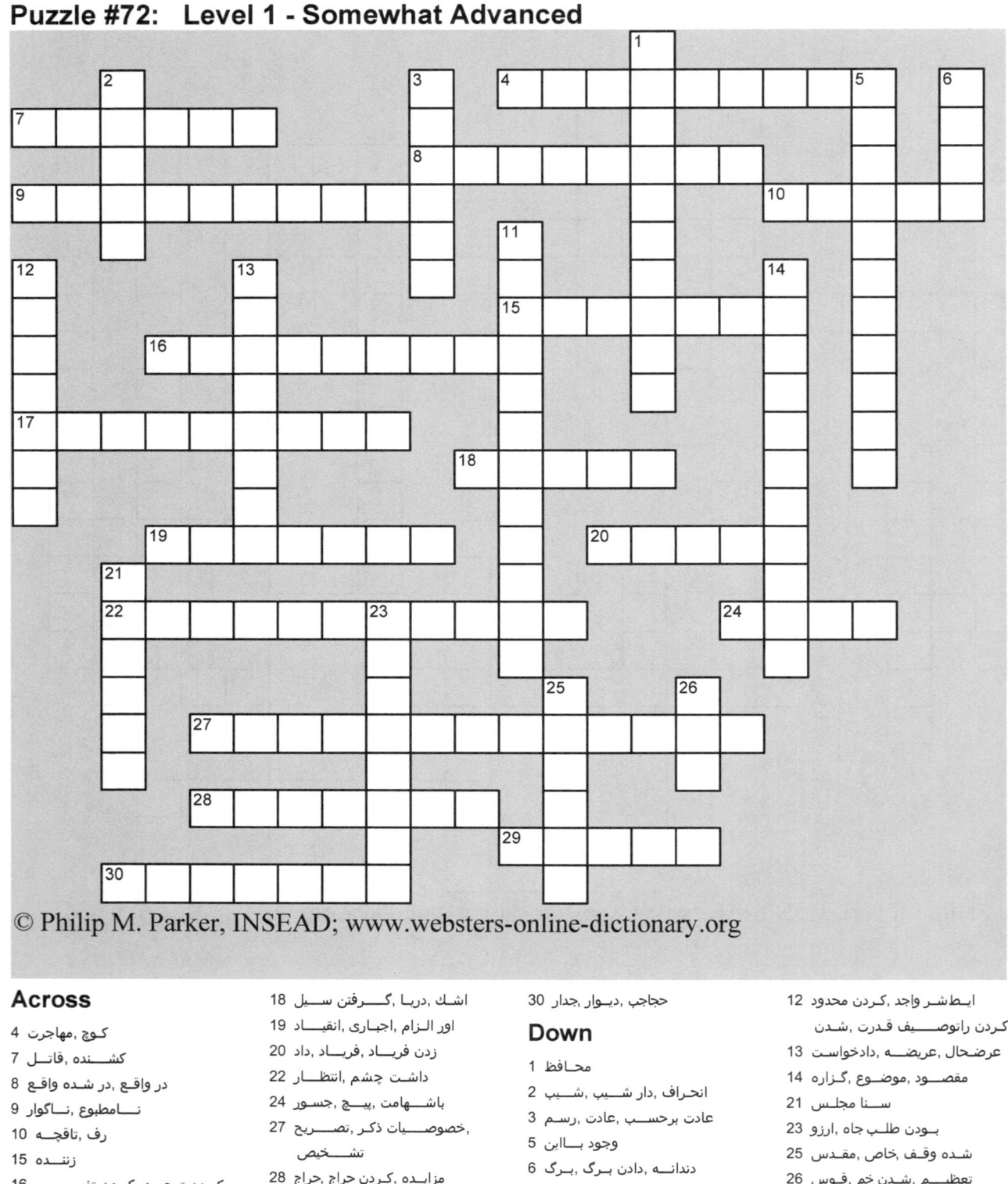

## Puzzle #73: Level 1 - Somewhat Advanced

### Across

1 نامناسب ,بیجا ,ناجور
4 تعاقب ,دنبال ,تعقیب
7 کردن مسحور ,طلسم ,سحر
8 نما ,طرح ,نمودار
11 کامل ,سالم ,نخورده دست
15 غفلت ,اهمال ,قصور
16 یافته تطبیق
17 ان ,دم ,لحظه
18 زبده ,برگزیدن ,نخبه
22 باطن چشم ,بصیرت ,بینش
24 افق خط ,افق
26 نوك در واقع ,ەپایان ,انتها
29 ناپخته ,زمخت ,خام
30 وسواس ,تمایل ,مخیله قوه

### Down

2 ماندگار ,پایا ,مداوم
3 صفت ,شرایط ,شرط
5 مخالفت ,اعتراض ,ایراد
6 خصم ,مخالف ,ضد
9 رهاکردن ,گفتن ترك ,تبعیدکردن
10 اندام باریك ,نازك
12 واموال متعلقات ,متعلقات
13 فرشته
14 نقش ,شرح ,سانهاف
19 کردن عفو ,بخشیدن
20 کردن مضطرب ,اندوه ,درد
21 افتاب تابش ,خورشید نور
23 طلبیدن ,خواندن ,کردن دعوت
25 کردن ترجمه ,کردن تفسیر
27 رحم ,دان بچه زهدان
28 مست ,خیس ,مخمور

**Solutions:** abandon, angel, belonging, charm, crude, diagram, distress, drunk, elite, fantasy, forgive, horizon, inappropriate, insight, instant, intact, interpret, invite, legend, matched, matrix, negligence, objection, opponent, persistent, pursuit, qualification, slim, sunlight, terminal. (30 words). See www.websters-online-dictionary.org

## Puzzle #74: Level 1 - Somewhat Advanced

### Across

4 ارزنده, ارزش دار, قابل صرف وقت

7 سنگ مرمر

10 سریع, تندرو, فرز

11 پدافندگر, مدافع

14 گاز, گاز گرفتن, گزش

15 زندان, حبس, محبس

16 نگهداشتن, تحمل کردن, تقویت کردن

17 شهرت, اوازه, نام

20 فرسایش, سایش, تحلیل

21 واکنش نشان دادن, واکنش کردن

22 استمرار, دوام, اتصال

25 پیشین, بدوی, اولیه

27 عاریه دادن, وام دادن, قرض دادن

28 شبح, خیال, روح

29 قابل احترام, محترم, ابرومند

### Down

1 جاروب شده

2 مرز, خریشته, خط الراس

3 قشر, پوست, پوست کندن

5 دستورالعمل

6 ارث, وراثت, مرده ریگ

8 ناظر, پیشخدمت سفره

9 ضمیمه, پس اورد, الحاق

10 مداقه

12 افزونه, حشو

13 ضابطه, معیار, محك

18 نیرومند کردن, تقویت دادن, تقویت یافتن

19 نوع بشر, بشریت, مروت

23 فاصله, ایست, وقفه

24 سیرت, اخلاق

26 روده, شکم, اندرون

**Solutions:** bite, bowel, butler, continuity, criterion, defender, erosion, fame, ghost, hull, humanity, inheritance, interval, jail, lend, marble, morality, primitive, react, recipe, redundant, respectable, ridge, scrutiny, strengthen, supplement, sustain, swept, swift, worthwhile. (30 words). See www.websters-online-dictionary.org

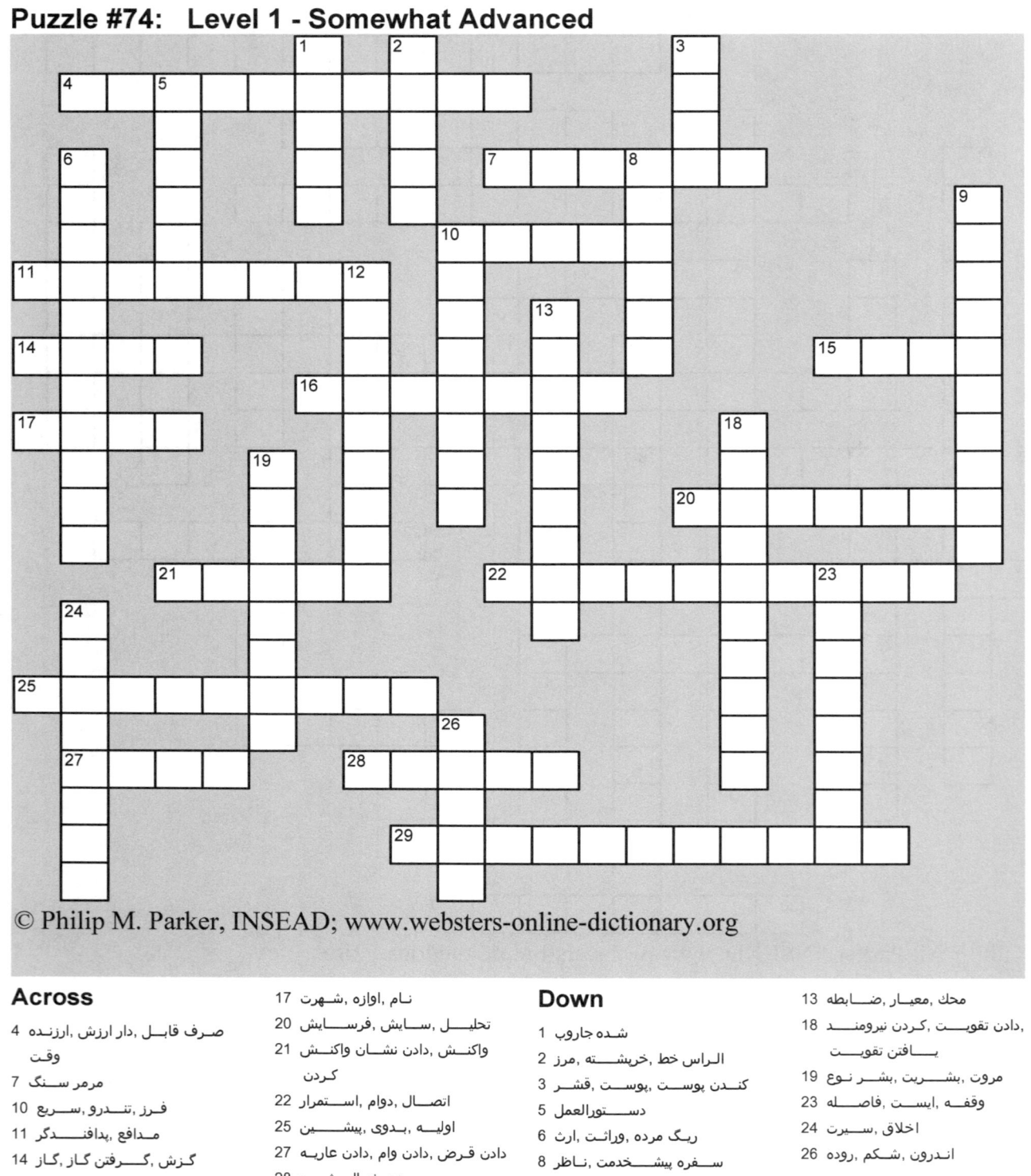

## Puzzle #75: Level 1 - Somewhat Advanced

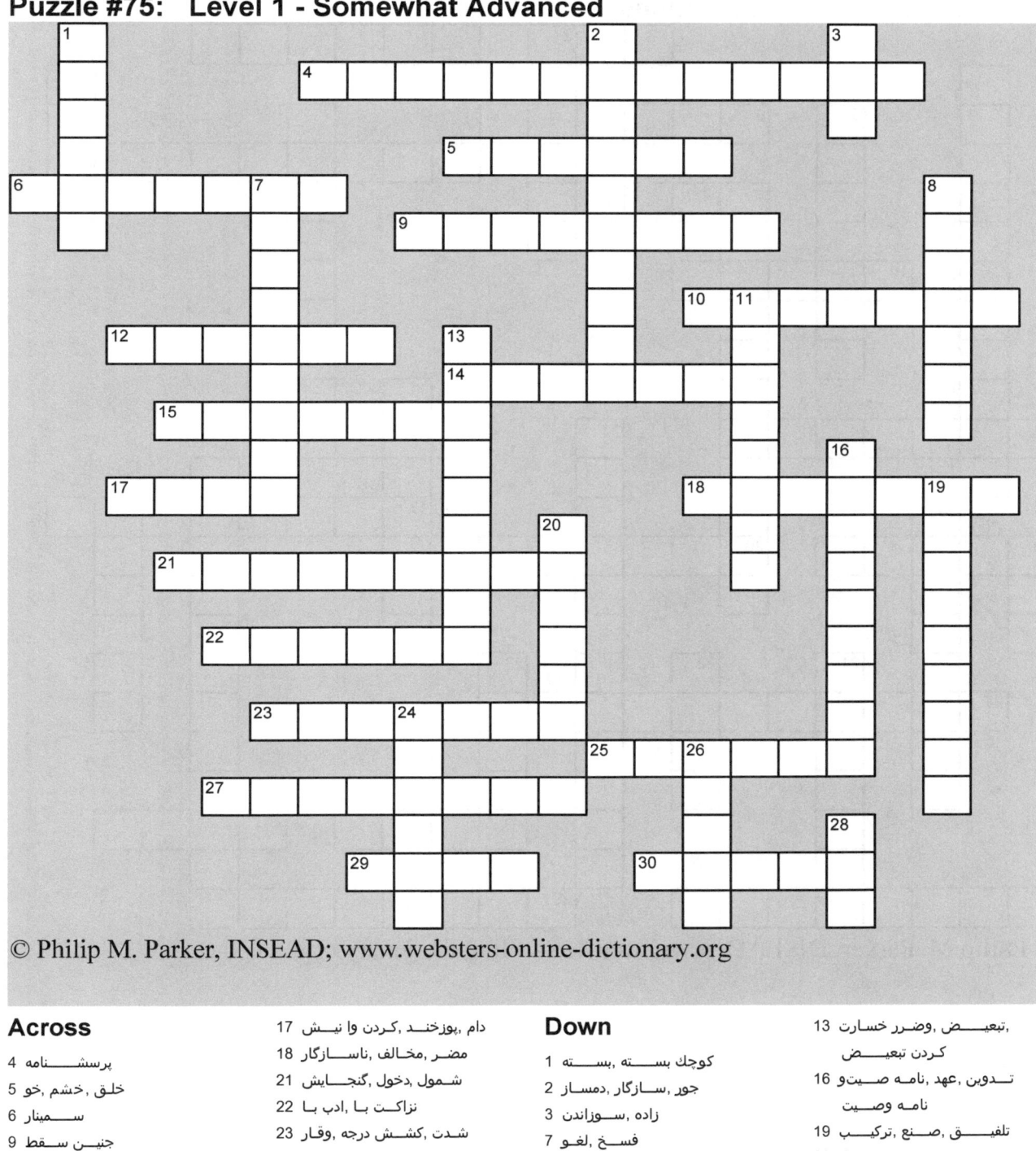

© Philip M. Parker, INSEAD; www.websters-online-dictionary.org

### Across

4 پرسشنامه
5 خلق ,خشم ,خو
6 سمینار
9 جنین سقط
10 ابله ,نادان ,ابلهانه
12 ذوب ,امتزاج
14 دادن رسید ,دریافت ,رسید
15 دسته ,تیپ
17 دام ,پوزخند ,کردن وا نیش
18 مضر ,مخالف ,ناسازگار
21 شمول ,دخول ,گنجایش
22 نزاکت با ,ادب با
23 شدت ,کشش درجه ,وقار
25 خرگوش
27 وقفه ,ایست ,فاصله
29 زهره ,زرداب ,صفرا
30 عرض ,پهنا ,وسعت

### Down

1 كوچك بسته ,بسته
2 جور ,سازگار ,دمساز
3 زاده ,سوزاندن
7 فسخ ,لغو
8 مشورت ,از خواستن مشورت, کردن مشورت
11 مرسوم مطابق ,درست ,فریور
13 تبعیض ,وضرر خسارت, کردن تبعیض
16 تدوین ,عهد ,نامه صیتو نامه وصیت
19 تلفیق ,صنع ,ترکیب
20 نهاد
24 عفیف ,باکره ,نخورده دست
26 تشتك ,ابگیر ,لگن
28 رموك ,کردن رم ,ترسو

**Solutions:** abolition, abortion, adverse, basin, bile, brigade, compatible, consult, entity, foolish, fry, fusion, gravity, grin, inclusion, interval, orthodox, packet, polite, prejudice, questionnaire, rabbit, receipt, seminar, shy, synthesis, temper, testament, virgin, width. (30 words). See www.websters-online-dictionary.org

# Puzzle #76: Level 1 - Advanced

## Across

1 بدل ,عوض ,جانشین
6 فاخر ,گزاف ,گران
8 شدن جمع ,جمع ,شده جمع
9 خورش اب ,رب ,سوس
10 لیموترش ,لیمو
12 هیولا ,اعجوبه ,عفریت
14 غبار ,ابهام ,مه
17 اشکال ,نقص ,دادن امتیاز
19 مهر ,بر زدن مشت ,مشت
20 غریزه
24 تاسف مایه ,بدبخت
25 فانوس ,جراغ ,چراغ
26 بهانه ,نقاب ,روبند
27 سالنامه ,سالنما
28 نیز ,چنین ,بهمچنین

## Down

2 بالت
3 سرنوشت ,مقصد
4 ادعا ,بهانه ,دادخواست
5 نشاندن عقب ,زدن عقب ,انزوا
7 پراکندن ,کردن منتشر, رساندن
9 تکفل ,اعانت ,ضمانت
11 کبریت ,گیرانه ,فندك
13 عكاس
15 نزیا ,نامساعد وضع
16 اخطار ,اشکارکردن ,دادن خبر کردن
18 کردن میزان ,دادن وفق, کردن تعدیل
19 زاییدن خوك ,خوك ,گراز
21 برخه ,قسمت ,بخش
22 اضطراب ,اشوب ,غضب
23 صورت ,مدال ,نشان

**Solutions:** adjust, aggregate, announce, ballet, broadcast, calendar, costly, destination, disadvantage, fury, handicap, instinct, lamp, lemon, lighter, likewise, mask, medal, mist, monster, photographer, pig, plea, portion, punch, retreat, sauce, sponsorship, substitute, unfortunate. (30 words). See www.websters-online-dictionary.org

## Puzzle #77: Level 1 - Advanced

© Philip M. Parker, INSEAD; www.websters-online-dictionary.org

### Across

2 دربدر

4 ,کوشیدن سخت ,زدن ضربت
چخماق

6 غلبه ,نفوذ ,تسلط

10 اطناب ,ربع ,حشو

14 ساکن ,ایستاده ,ایستا

15 کشیدن نفس ,زدن دم

16 عظیم ,مجلل

17 خجل ,شرمنده ,شرمسار

19 زدودن ,کردن رفع ,کردن حذف

20 کلبه ,کوچك اطاق

21 عجز

23 الت ,لوازم ,دستگاه

24 استعداد ,دماغ ,نابغه

25 لبالب ,لبریز

26 پسر دوست

28 اتفاق ,واقعه ,رخداد

29 بدجنس ,خو بد ,نابکار

30 نگهداری ,حراست ,حفظ

### Down

1 زدن طعنه ,کردن اذیت ,سوزن

3 ظالم ,شوم ,ترسناك

5 مرغزار ,چمن ,علفزار

7 ریگ ,دار شن ,شن

8 دربان ,ابجو ,باربر

9 دارنده نگاه ,هگیرند ,دارنده

11 چسبیده ,مربوط

12 نگاه رك ,کردن نگاه خیره
شدن خیره ,کردن

13 سیاست اهل ,سیاستمدار

18 اطاعت ,اظهاراطاعت ,مطیع

22 صراحت ,ظرافت ,دقت

27 دربست ,شدن بزرگ ,قلنبه

**Solutions:** apparatus, ashamed, boyfriend, breathe, cabin, coherent, dominance, eliminate, flown, genius, glorious, gravel, grim, hammer, holder, homeless, inability, lawn, lump, needle, occurrence, politician, porter, precision, preservation, redundancy, stare, static, submission, wicked. (30 words). See www.websters-online-dictionary.org

## Puzzle #78: Level 1 - Advanced

### Across

3 کردن سرگرم ,کردن اشغال, داشتن مشغول
8 اعجاز ,معجزه
10 شاغل
11 مچ ,دست مچ
12 نسب ,نزول ,نژاد
16 چشم ,نما دور ,انداز چشم داشت
17 تلگراف دستگاه ,تلگراف, نگار دور
21 تسریع ,سفر
23 تصادم ,برخورد
25 بادوام ,جسور ,دلیر
26 بیرون
27 تن‌رواداش ,کردن تصویب, کردن ازمایش
28 سنگر ,دژ ,وبارو برج
29 وتبدیل تغییر ,پیرایش

### Down

1 بغض ,نفرت ,تنفر
2 مانوس غیر ,وعجیب غریب
4 نقاش ,نگارگر
5 انگاشت پر ,پرپندار
6 مهاجرت
7 مسطوره ,شخص ,نمونه
9 خلوت
12 لنگرگاه ,بریدن ,بارانداز
13 سر فرق ,جمجمه
14 بادکردن مبه‌باتل ,تلمبه, زدن تلمبه
15 سبب ,علت ,انگیزه
18 ارث ,میراث
19 پیک ,سفیر
20 خلق خوش ,دلپذیر ,مهربان
22 گذاردن بمیان پا ,کردن دخالت
24 قطعه ,قاره ,بر

**Solutions:** ambassador, approve, bizarre, clash, descent, dock, expedition, fort, hardy, hatred, imaginative, immigration, interfere, kindly, legacy, mainland, miracle, modification, motive, occupy, outdoor, outlook, painter, practitioner, privacy, pump, skull, specimen, telegraph, wrist. (30 words). See www.websters-online-dictionary.org

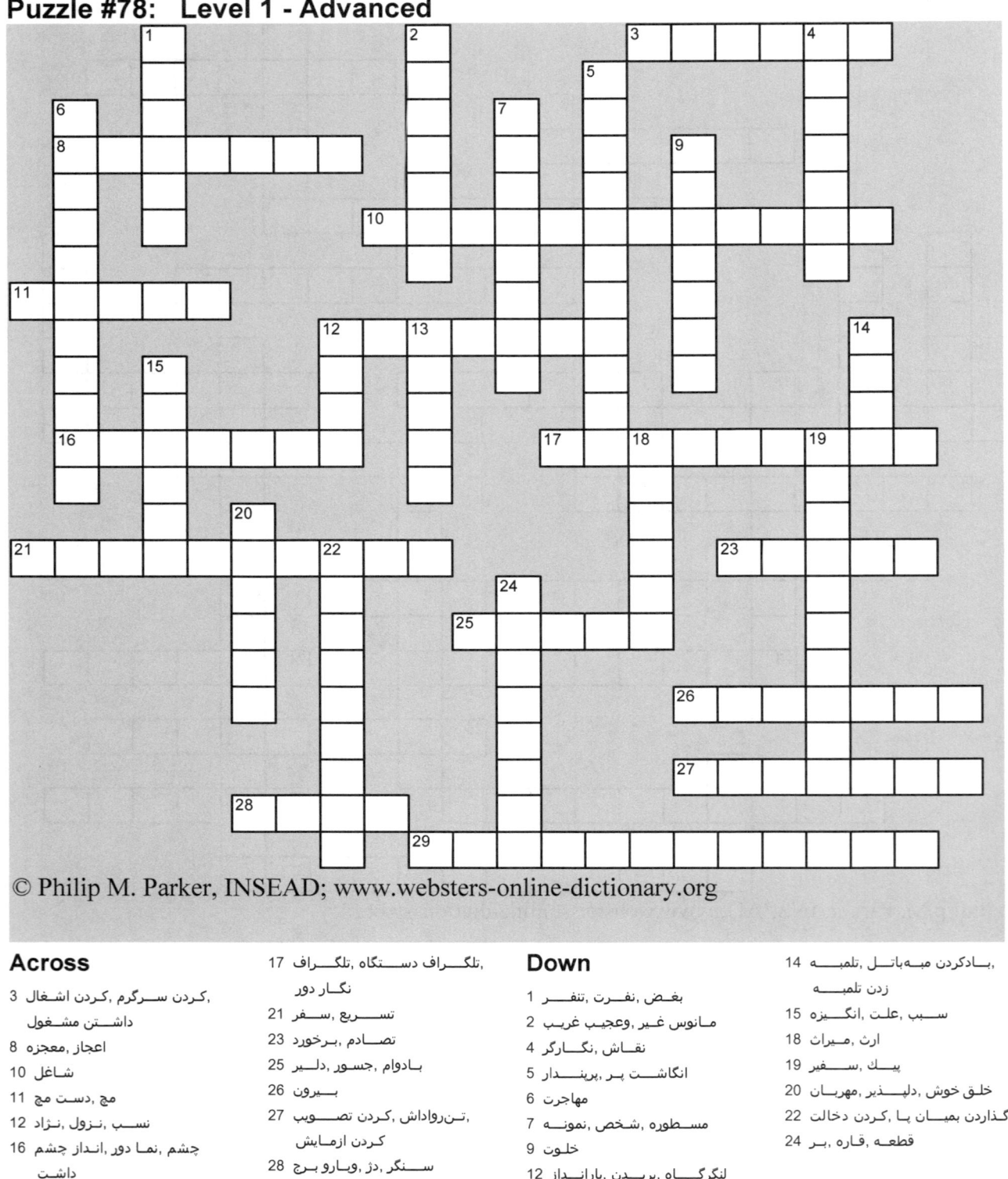

## Puzzle #79: Level 1 - Advanced

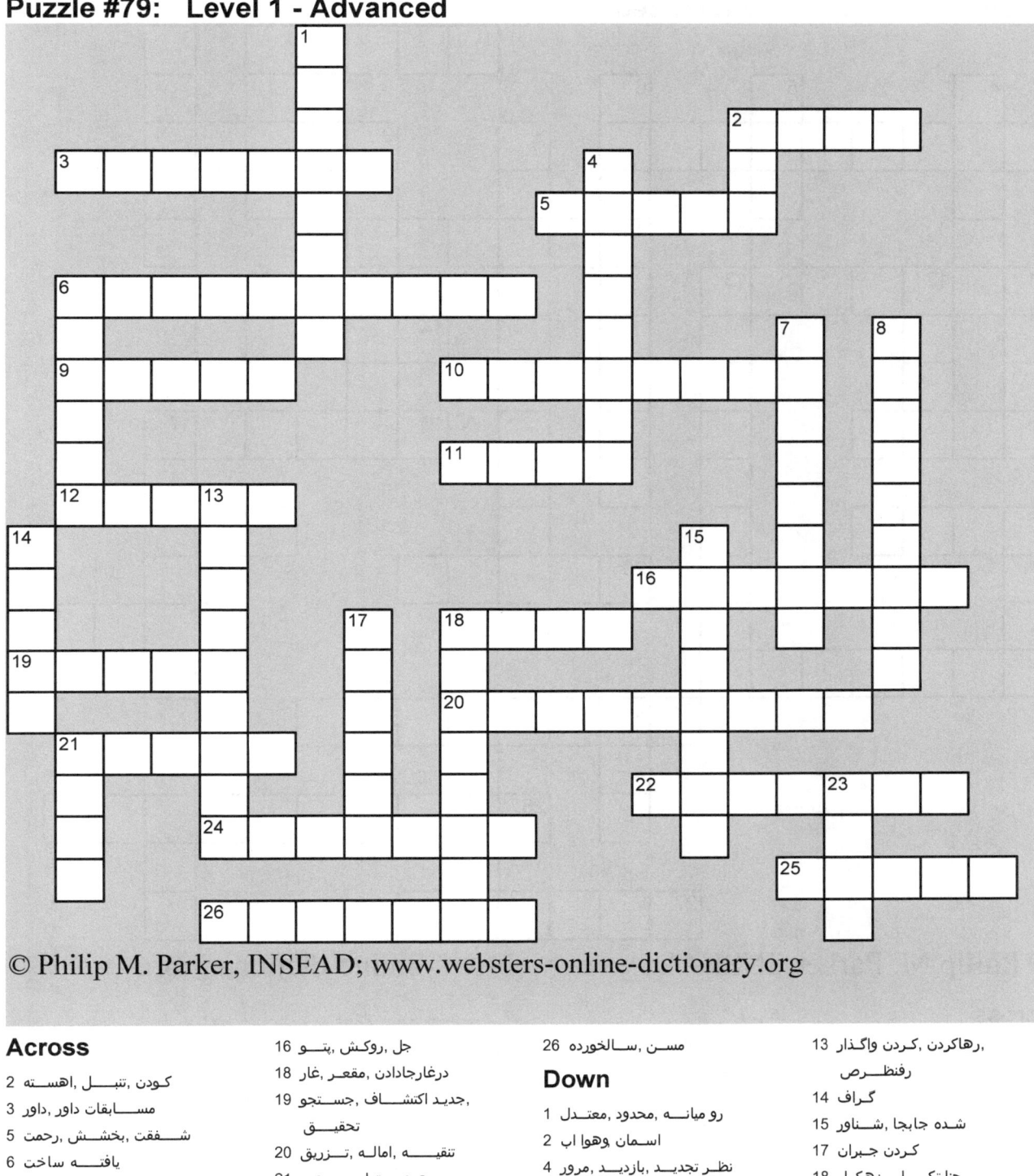

© Philip M. Parker, INSEAD; www.websters-online-dictionary.org

### Across

2 کودن ,تنبل ,اهسته
3 مسابقات داور ,داور
5 شفقت ,بخشش ,رحمت
6 یافته ساخت
9 سخت ,پرصخره
10 یاداور ,تذکر
11 نر شیر ,شیر ,هژبر
12 پرسروصدا ,پرخش
16 جل ,روکش ,پتو
18 درغارجادادن ,مقعر ,غار
19 جدید اکتشاف ,جستجو, تحقیق
20 تنقیه ,اماله ,تزریق
21 عروس تازه ,س‌عرو
22 کهنه ,کهن ,دیرینه
24 ساکن ,خوابیده ,راکد
25 واضح ,زنده ,روشن
26 مسن ,سالخورده

### Down

1 رو میانه ,محدود ,معتدل
2 اسمان وهوا اب
4 نظر تجدید ,بازدید ,مرور
6 پرده ,کردن غربال ,غربال
7 تولیدمثل ,پرورش
8 لذت
13 رهاکردن ,کردن واگذار, رفنظرص
14 گراف
15 شده جابجا ,شناور
17 کردن جبران
18 جنایتکار ,بزهکار
21 ترازو شاهین ,پرتو ,شاهپر
23 دررو ,رفت برون ,خروج

**Solutions:** ancient, beam, blanket, breeding, bride, cave, criminal, elderly, enjoyment, exit, floating, graph, injection, lion, mercy, moderate, noisy, offset, probe, referee, reminder, resting, revision, rocky, screen, sky, slow, structured, surrender, vivid. (30 words). See www.websters-online-dictionary.org

## Puzzle #80: Level 1 - Advanced

© Philip M. Parker, INSEAD; www.websters-online-dictionary.org

### Across

1 مختصر کوتاه ,حکم ,دستور
7 فن ,مهارت اصول
9 ساحل ,سریدن ,دریاکنار
10 فراهم ,گرفتن ,اوردن بدست کردن
11 خیر ,اسایش ,رفاه
14 غارت ,ازردن ,اوردن بستوه کردن
15 میز
16 غیر
18 قلم از ,نبات اب ,رهاکردن انداختن
19 توسط
20 هرزدادن ,کردن نیازمند ,باطله
21 کردن ذبح ,رساندن بقتل, کشتن
22 تماشاخانه ,خانه بازیگر
23 خلقت ,افرینش
26 تعریف
27 پرواز ,گریز ,سلسله

### Down

2 مسطح ,هموار ,تخت
3 مذاب ماده ,ماده , جسم
4 اینرو از
5 خردسال ,خرد ,اصغر
6 ثانیوی
8 سپس ,بعدازان ,بعدا
9 دارا ,دربرداشتن ,بازداشتن بودن
11 روخود
12 بسیار
13 کردن تشجیع ,کردن دلگرم, کردن تشویق
17 ازمون ,ازمایه ,ازمایش
18 قصور ,قرض ,وام
24 کردن ردیف ,ردیف ,کردن بخط
25 دندانها

**Solutions:** afterwards, brief, coast, contain, creation, debt, definition, desk, drop, encourage, examination, flat, flight, harry, hence, kill, lots, metal, minor, obtain, row, secondary, technique, teeth, theatre, unlike, via, waste, welfare, wild. (30 words). See www.websters-online-dictionary.org

## Puzzle #81: Level 1 - Pretty Advanced

### Across

1 دادن شـرح
5 از شـدن مـانع ,سـد ,بلـوك
6 سـاختن كوچه ,كوچه ,گلـو
7 هستهرجور
9 بـا شـدن مواجه ,دماغه
11 فرهنگسـتان عضـو
13 جناح بـال
14 درگـيرى
15 ديـدن خواب ,خواب
18 خوابگـاه ,خواب اطاق
19 متعاقـب ,مابعـد ,بعـد
20 مـذاكره
23 تـورم
24 منبـع
25 بطوربـد
26 مسـلم ,بـرقرار
27 بنيـادى
28 يكتـا ,فـرد
29 كمـك ,مواظبـت ,دسـتيارى

### Down

2 ورزيـده
3 جريـان ,شـدن روان ,بـده
4 اسـتقلال
8 بـازور وفشـارپركردن ,اجتمـاع, ازدحام
10 انبـار مهمات ,اسـلحه خشاب, خزانـه
12 لبـاس ,كـردن بتـن جامه, پوشـيدن لبـاس
16 قـاطع ,وخيـم
17 تركيـب
21 مقصـر ,مجرم ,گناهكـار
22 ترتيـب ,تـرادف ,رشـته
25 حسـن ,جمال

**Solutions:** academic, assistance, badly, beauty, bedroom, block, combination, confirmed, crowd, crucial, describe, dream, dress, experienced, flow, fundamental, guilty, independence, inflation, interview, involvement, lane, magazine, nose, pool, sequence, somehow, subsequent, unique, van. (30 words). See www.websters-online-dictionary.org

# Puzzle #82: Level 1 - Pretty Advanced

© Philip M. Parker, INSEAD; www.websters-online-dictionary.org

## Across

3 هرکجا
6 شهر حومه
12 عادت مخالف ,غیرعادی
14 انگاشتن ,گرفتن بعهده, کردن تقلید
16 استخر ,دریاچه
17 دادن نشان
18 قدم خوش ,اقبال خوش
20 وقاعده ایین مطابق ,مرسوم
23 پایان ,وروغن رنگ پرداخت
26 پهناور ,بزرگ
27 اسانسور
28 ارایش ,رشد ,شکل
29 خرچنگ
30 بفعالیت ,داختن‌ان بکار بودن دایر ,واداشتن

## Down

1 اسب ,بردن پیش از ,کردن اداره اموخته
2 زدن لب ,طعم ,ذوق
4 سقف ,زدن طاق ,طاق
5 ترجیح ,امتیاز رجحان
7 علف ,علف ,پوشاندن علف با خوردن
8 نایب ,وکیل ,جانشین
9 برامدن
10 قوت ,گذران ,تعمیر
11 کار محافظه
13 استقرار ,بنگاه ,بنا
15 شیشه
19 راحت
21 ور بهره
22 ضوابط
24 ناگهان
25 افتاده

**Solutions:** anywhere, assume, bottle, cancer, comfortable, conservative, conventional, cope, countryside, criteria, deputy, distinction, efficient, establishment, extensive, fallen, finish, formation, grass, indicate, lake, lift, lucky, maintenance, manage, operate, roof, sudden, taste, unusual. (30 words). See www.websters-online-dictionary.org

## Puzzle #83: Level 1 - Pretty Advanced

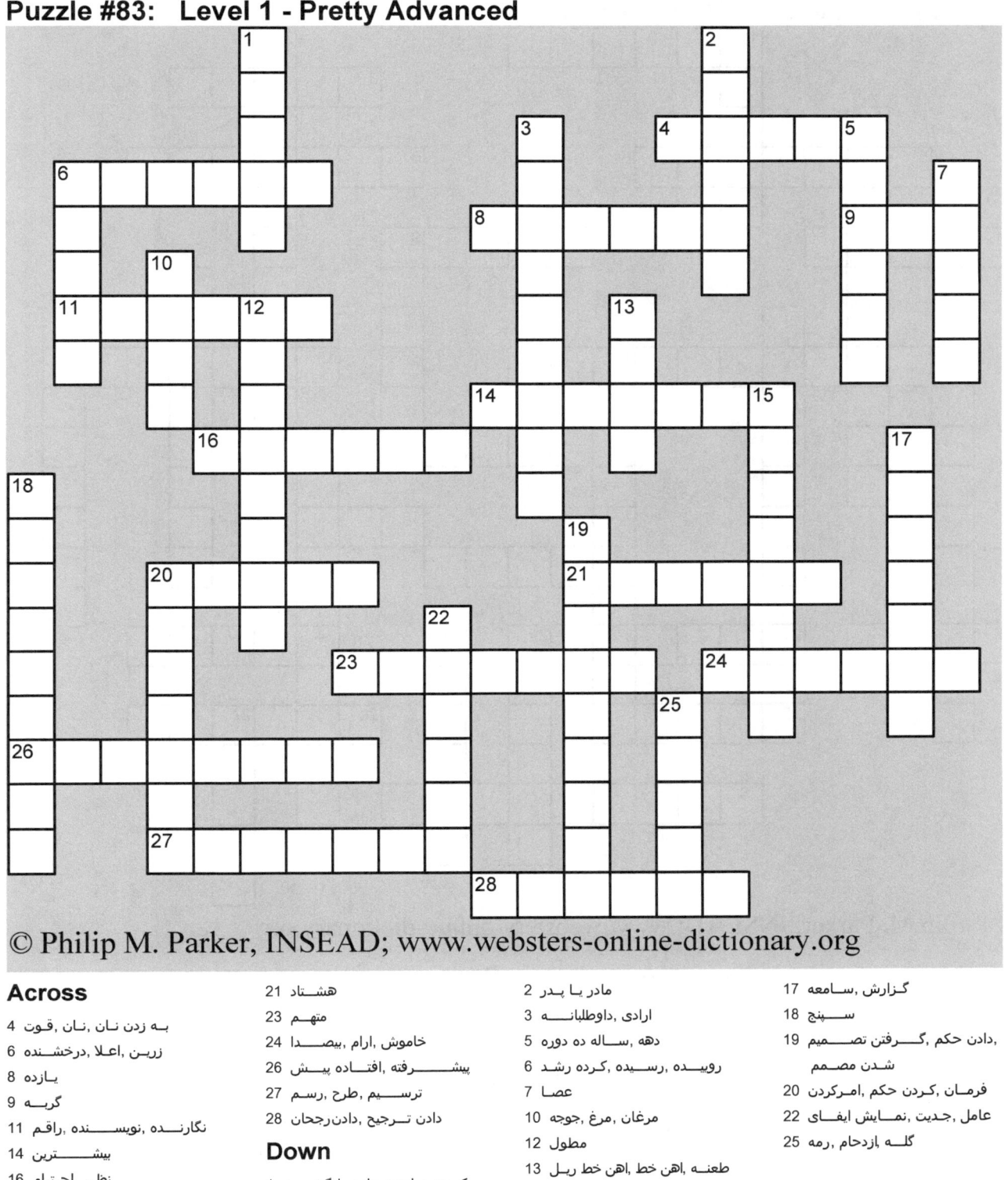

© Philip M. Parker, INSEAD; www.websters-online-dictionary.org

### Across

4 به زدن نان ,نان ,قوت
6 زرین ,اعلا ,درخشنده
8 یازده
9 گربه
11 نگارنده ,نویسنده ,راقم
14 بیشترین
16 نظر ,احترام
20 تابوت ,صندوق ,جعبه
21 هشتاد
23 متهم
24 خاموش ,ارام ,بیصدا
26 پیشرفته ,افتاده پیش
27 ترسیم ,طرح ,رسم
28 دادن ترجیح ,دادن‌رجحان

### Down

1 کردن مراجعه ,دادن بازگشت, داشتن منسوب
2 مادر یا پدر
3 ارادی ,داوطلبانه
5 دهه ,ساله ده دوره
6 روییده ,رسیده ,کرده رشد
7 عصا
10 مرغان ,مرغ ,جوجه
12 مطول
13 طعنه ,اهن خط ,اهن خط ریل
15 کوه
17 گزارش ,سامعه
18 سپنج
19 دادن حکم ,گرفتن تصمیم, شدن مصمم
20 فرمان ,کردن حکم ,امرکردن
22 عامل ,جدیت ,نمایش ایفای
25 گله ,ازدحام ,رمه

**Solutions:** accused, acting, advanced, bird, bread, cat, chest, command, decade, determine, drawing, drove, eighty, eleven, extended, golden, grown, hearing, maximum, mountain, parent, prefer, rail, refer, regard, silent, stick, temporary, voluntary, writer. (30 words). See www.websters-online-dictionary.org

## Puzzle #84: Level 1 - Pretty Advanced

© Philip M. Parker, INSEAD; www.websters-online-dictionary.org

### Across

1 شهرستان ,شهر ,بخش
3 گرفتن امتیاز ,امتیاز
5 به شدن منتج ,برگرداندن
6 پاسخ ,دادن نشان واکنش, دادن پاسخ
7 پنجم
8 موجود
13 شرکت ,بنگاه
15 پروانه ,شغل جواز ,جواز
16 مرسوم ,دادن نشان ,کردن باب کردن
18 تفنگ ,توپ
19 کردن اقرار
20 هیزیر ,گرفتن رژیم ,شورا
21 گذرنده ,گذر زود ,بر بالغ
24 وزنجیز کند ,حلقه
25 عمو ,عم
26 تلفات ,طعمه ,دستخوش
28 بتدریج

### Down

1 تابلو
2 رقابت قابل
4 رستوران
9 بودن مربوط ,بودن وابسته, بودن موکول
10 دهنده برق
11 عوام
12 زایمان از فراغت ,تحویل
13 ایش هم ,عرف ,انجمن
14 قریحه ,ابتکار
17 نسبت ,خویش ,اتصال
22 کروی ,سراسری
23 دسته ,دسته ,بردن بکار گذاشتن
27 سیر ,بیزار

**Solutions:** admit, bound, chain, commons, competitive, connection, convention, corporation, delivery, depend, diet, electric, fifth, global, gradually, gun, handle, initiative, introduce, licence, panel, parish, passing, reflect, respond, restaurant, score, tired, uncle, victim. (30 words). See www.websters-online-dictionary.org

## Puzzle #85: Level 1 - Pretty Advanced

### Across

2 مایه, مدرسه مدیر, عمده
9 بازتابیده
11 افضل, انتها, بزرگترین
13 اندودن, کردن روکش, روکش
14 مطبوع, خوش, شیرین
17 پند, مفهوم
19 رازدار, دلگرم
21 جامع
23 مداوم
25 خنگ, احمق, دبنگ
28 طالع
29 اورژانس
30 رسته, رده, دسته

### Down

1 دیداری
3 پرسش, حقیقت, جستار
4 گسترده
5 محجور
6 احتمالا
7 کردن پرت, افکندن, انداختن
8 نامه نظام, تاسیس, تشکیل
10 صدراعظم
12 زیاد, بیشمار, بسیار
15 گذرنده بسرعت, زن وپر بال, السیر سریع
16 درباره
18 مطلق, مجرد
20 کسالت, مرض, شرارت
22 به وابسته, ادیبانه, ادیب تادیبا
24 خالص, اصل, درست
26 رقصیدن, رقص
27 ماشین, کردن اسیاب, اسیاب

**Solutions:** absolute, category, chancellor, coat, comprehensive, concerning, confident, constitution, continuing, dance, emergency, flying, genuine, illness, inquiry, literary, mill, moral, numerous, presumably, principal, reflected, rising, stupid, supreme, sweet, throw, visual, ward, widespread. (30 words). See www.websters-online-dictionary.org

## Puzzle #86:  Level 1 - Somewhat Difficult

**Across**

1 مفید
5 دستپاچه, متشنج
6 نمونه, پیمانه
9 درامد, دخل, مداخل
11 انجام, کار بزرگ
12 انداخت
14 خیرات, صدقه
15 دندانه, دندانه دندانه کردن, شکاف
19 چرم گوسفند
21 درازکردن, رساندن, طول دادن
22 پیوند یافته
26 عرضه, تقدیم, نمایش
28 چنبره
29 اموخته
30 التزام, تقاضا, مقرره

**Down**

2 جنبه, منظره
3 باشرافت, صادقانه
4 تمرکز دادن, متمرکز کردن
7 طرزاویختن, تردید, تمایل
8 مشارکت
10 بقا
13 بینهایت, حداکثر, مفرط
16 رضایت, موافقت
17 رواج, انتشار
18 شکست, شکست دادن, هزیمت
20 سنجش, تطبیق, مقایسه
23 افتندری, پیدا کردن, کشف
24 جشنواره
25 استوار, فولاد
27 برنده, فاتح

**Solutions:** achievement, charity, comparison, concentrate, consent, core, currency, defeat, discover, earnings, extend, extreme, festival, hang, helpful, linked, module, nervous, nick, partnership, presentation, prospect, requirement, sheep, steel, survival, taught, threw, truly, winner. (30 words). See www.websters-online-dictionary.org

## Puzzle #87: Level 1 - Somewhat Difficult

### Across

1 ,کردن سبك ,کردن راحت سهولت

6 ,به دادن تنوع ,تغییردادن ساختن متنوع

7 مکانیزم ,ساختمان ,دستگاه

8 اقامت به وابسته

11 فراخواندن ,اوردن بیاد

12 بوجود ,برخاستن ,برامدن اوردن

15 عمل ,امتحان ,ازمایش

17 ,انتقادکردن ,اشتباه سرزنش

20 نزاع ,ستیزه ,کردن جدال

23 دشوار ,بادوام ,اسطقس با

24 کردن رنگ ,شدن رنگ ,رنگ

25 دقیق ,درست

26 غضب ,کردن خشمگین ,خشم

27 مقایسه ,تطبیق ,سنجش

28 موافقت ,رضایت

### Down

2 مخزن ,انباره ,انبارش

3 ترکه ,زدن سویچ ,برق سویچ

4 کارفرما

5 عرف ,معمول رسم ,بنگاه

6 پدیدار ,نمایان

9 درصد ,صد در قرارب

10 عارض ,دادخواه

13 شده اظهار

14 ,کردن روانه ,کردن شروع انداختن

16 ساختن ,کردن اماده ,شدن اماده

18 از گذشته ,گذشته این از این

19 مطالعه روی از ,دانسته

21 زنجره

22 استثنا ,اعتراض ,رد

24 دادن ترفیع

**Solutions:** accurate, anger, arise, blame, comparison, consent, cricket, declared, dispute, ease, employer, exception, experiment, furthermore, institution, launch, mechanism, paint, percent, plaintiff, prepare, promote, recall, residential, storage, studied, switch, tough, vary, visible. (30 words). See www.websters-online-dictionary.org

## Puzzle #88: Level 1 - Somewhat Difficult

### Across

1 ناساز ,جستجوکردن
8 حفاظت
10 برداشتن نمونه ,گرفتن رای
11 وهوا اب
14 معماری
17 مبارزه ,قهرمان ,از کردن دفاع
18 مخزن ,تانك
19 اغتشاش
21 رضایت
27 پایه ,ستون
28 سواره گردش
29 پست ,پست جنس ,ارزان
30 ارباب

### Down

2 زدن چرخه ,چرخه ,سیکل
3 پردازه
4 شیوه ,شعار ,دستگاه
5 بالاخانه
6 طفولیت
7 کشف ,اکتشاف
9 متخصص
12 یدك
13 تعیین ,تصمیم ,عزم
15 غرامت ,کردن جبران ,جبران
16 کردن قالب ,قالب ,قرص
20 موزیکال
22 برج
23 جامع
24 گرداوردن ,کردن جمع
25 پرواز
26 فرصت ,فراغت ,مجال

**Solutions:** architecture, boss, cake, champion, cheap, childhood, climate, collect, column, compensation, confusion, conservation, cycle, determination, device, discovery, fee, leisure, musical, poll, precise, ride, satisfaction, sick, spare, specialist, tank, tower, upstairs, wing. (30 words). See www.websters-online-dictionary.org

## Puzzle #89: Level 1 - Somewhat Difficult

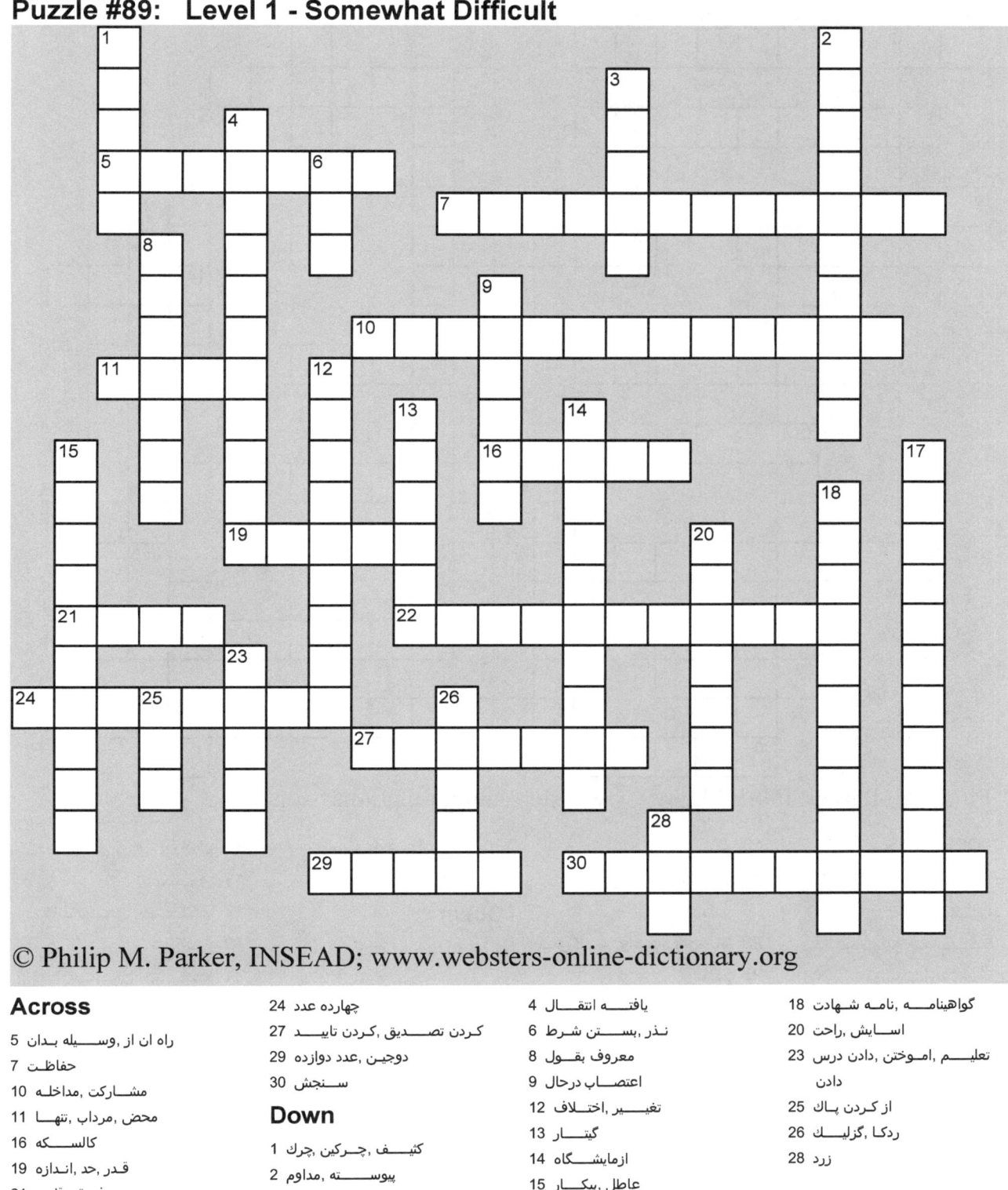

© Philip M. Parker, INSEAD; www.websters-online-dictionary.org

### Across

5 راه ان از ,وسیله بدان
7 حفاظت
10 مشارکت ,مداخله
11 محض ,مرداب ,تنها
16 کالسکه
19 قدر ,حد ,اندازه
21 سر فرق ,قله
22 تعویض
24 چهارده عدد
27 کردن تصدیق ,کردن تایید
29 دوجین ,عدد دوازده
30 سنجش

### Down

1 کثیف ,چرکین ,چرك
2 پیوسته ,مداوم
3 رخریدا
4 یافته انتقال
6 نذر ,بستن شرط
8 معروف بقول
9 اعتصاب درحال
12 تغییر ,اختلاف
13 گیتار
14 ازمایشگاه
15 عاطل ,بیکار
17 غرامت ,کردن جبران ,جبران
18 گواهینامه ,نامه شهادت
20 اسایش ,راحت
23 تعلیم ,اموختن ,دادن درس دادن
25 از کردن پاك
26 ردکا ,گزلیك
28 زرد

**Solutions:** alleged, bet, buyer, certificate, coach, comfort, compensation, confirm, conservation, continuous, dealt, dirty, dozen, evaluation, fourteen, guitar, knife, laboratory, mere, participation, peak, replacement, rid, struck, teach, thereby, transferred, unemployed, variation, wan. (30 words). See www.websters-online-dictionary.org

## Puzzle #90: Level 1 - Somewhat Difficult

### Across

1 مصرف ,سوختن ,زوال

4 مشهود

6 بسیار ,بد بسیار بیچاره ,سخت

10 نا ,قانوني غیر ,حرام مشروع

12 کردن تجاهل ,کردن رد, پوشیدن چشم

14 قید

15 برگشت

16 سنگر

18 اعانه ,در کردن شرکت دادن

20 گاو گله ,واغنام احشام

23 تخم

24 الت ,اسباب ,ادوات

27 معرفه ,الروح معرفه النفس

28 عقب ,دم ,دنباله

29 جامع

30 مستاجر ,داراجاره, نشین کرایه

### Down

2 دار پله

3 کردن حساب تصفیه, کردن واریز ,واریز

5 پذیر زخم ,پذیر اسیب, حمله قابل

7 کربن ,خالص ذغال

8 بیمار ,بد

9 بمب

11 کردن تقدیر ,کردن درك

13 مشوق

17 ها ماشین ,دستگاه

19 گرایش

21 عنوان ,ضابطه, سرفصل

22 کردن جلب ,کردن جذب, ساختن مجذوب

25 گوشت

26 پاشیدن نمك

**Solutions:** appreciate, attract, blind, bomb, bond, carbon, cattle, comprehensive, consumption, contribute, desperate, egg, encouraging, evident, flesh, ignore, ill, illegal, instrument, machinery, psychology, salt, settle, stepped, tail, tenant, topic, trend, turnover, vulnerable. (30 words). See www.websters-online-dictionary.org

## Puzzle #91: Level 1 - Difficult

### Across

2 محصور

3 اتمام

7 بنابراین

13 کردن استفسار, تحقیق ,کردن جستار کردن

14 چامه ,نظم ,شعر

15 معین ,کردن تعریف کردن

17 جستجو ,کردن شکار

20 کجا هیچ

22 داورگان

23 پوشیدن ,نهفتن ,چرم

24 بطورعریان

27 نابسنده

29 خبر

### Down

1 بخشنده

3 مصرف ,سوختن ,زوال

4 تحول ,تغییرشکل, تکامل

5 اموزش

6 عظمت با ,شکوه با, همایون

8 فروریختن ,اوار

9 تخریب ,انهدام

10 باهوش ,استعداد با, زرنگ

11 کرم ,سرشیر ,زبده

12 سقف

16 انضمام

18 شاهین ,اوردن زبان بر زبان ,ترازو

19 کتاب ,کاتالوگ فهرست ,فهرست

21 تبلیغات

25 کردن تقاضا

26 جوخه ,دسته

28 قرص

**Solutions:** accordingly, announcement, barely, catalogue, ceiling, clever, collapse, completion, consumption, cream, define, destruction, disk, evolution, generous, hide, hunt, imperial, inadequate, instruction, integration, investigate, jury, nowhere, poem, publicity, restricted, squad, sue, tongue. (30 words). See www.websters-online-dictionary.org

## Puzzle #92: Level 1 - Difficult

### Across

3 نمونه بهترین مطابق

7 متغیر ,پذیر تغییر

8 طرفه دو ,جانبه دو, دوسره

10 فدراسیون

13 مشمول

14 مشورت ,مشاوره, مذاکره

16 زدوده

17 مبرم

19 قانون ,حقوقدان ,شارع دان

23 شاعر

27 شکوفه ,گل درخت, دادن شکوفه

28 گنجینه ,گنج ,خزانه

29 قبول ,دریافت ,برخورد

30 تطبیق

### Down

1 شده تعیین

2 خورده چکش ,ه‌زد, کوبیده

4 اتمام

5 معاش مدد ,دادن جیره

6 ساختن تونل ,تونل, نقب

9 بنام ,نام ذکر با

11 اصطبل ,کردن ثابت, استوار

12 کشاورز

15 دادن نشان ,دادن شرح

18 تدارکات

20 تماما ,جمعا

21 کردن سیاحت

22 وشدید تند احساسات, شدید تعصب

24 فرش

25 کشش

26 طرز روش ,رابطه ,ظاهر رشد

**Solutions:** allowance, beaten, carpet, classic, cleared, completion, consultation, demonstrate, explore, farmer, federation, flower, habit, identification, lawyer, liable, mutual, namely, passion, poet, reception, specified, stable, strain, supplies, treasury, tunnel, urgent, variable, wholly. (30 words). See www.websters-online-dictionary.org

## Puzzle #93: Level 1 - Difficult

### Across

1 سرنامه, سرصفحه, عنوان
3 ترفیع, اولویت, حانرج
5 پارچه, قماش, اساس
7 استحکام, ثبات
8 کردن الوده
11 کشیش, مجتهد
13 مهمان, کننده دیدن
17 هم, ستیزهم, امیزجدال, ستیزگر
18 ریشه
20 سحر, جادو
22 داشت درون
23 پسندیده, مطلوب, مرغوب
25 شدن موفق, امدن بدنبال, شدن کامیاب
27 خنده
28 فرودافت, تنزل

### Down

2 انحصاری, انتصاری, دربست
4 مذاکره, مشورت, مشاوره
6 ترکیب, ساخت, سرایش
7 موافقت, رقت
9 ممتاز, مشخص
10 حرکت, عزیمت, انحراف
12 تغییر, تسعیر, تبدیل
14 شناختن, بازشناختن, دادن تشخیص
15 کج چیز, انحناء خمیده خط
16 نجات, دادن تحویل, ازادکردن دادن
19 اموزگاه
21 عکس جای, البوم
22 به زدن برچسب, برچسب, بلیط
24 دادن شرح, کردن گو باز, دادن گزارش
26 جهش, درامدن جور, جستن

**Solutions:** album, classroom, composition, consultation, controversial, conversion, curve, deliver, departure, depression, desirable, distinctive, exclusive, fabric, heading, jump, laughter, mess, preference, priest, recognize, relate, root, spell, stability, succeed, sympathy, talent, ticket, visitor. (30 words). See www.websters-online-dictionary.org

## Puzzle #94:  Level 1 - Difficult

### Across

1 راحت, دست راه, مناسب
5 سقوط, ناخوانده وارد شدن
6 بسته
9 داشتن, خواستن, خیال داشتن, قصد
10 هجوم بردن
11 باشکوه, باوقار, بسیار خوب
12 خسیس, سفت, محکم
14 کردن ذبحق دانستن, تصدیق
16 نگاره سازی
19 ابریشم
22 صعود کردن
24 ترکیب دهنده, ترکیب کننده
25 باز گرفتن, صرفنظر کردن
27 ادا کردن, سخن گفتن,
28 بحث واقبال, شانس, ثروت
29 ابراه, ساختن ابراه, زه اپ
30 دفاع کردن از

### Down

2 هجدهم
3 چشم دوختن
4 بیان, اظهارنامه
7 ناوگان
8 ساختن, ویران کردن, نابود
13 اموزگاه
15 سخت, محض
17 پیر داختن به, پیش رفتن
18 حلب, قلع
20 انگارگان, خیال
21 مامور پلیس, پاسبان
23 پایین تر, پایین ترین
26 گشاد

**Solutions:** canal, classroom, climb, component, connected, convenient, crash, declaration, defend, destroy, discourse, eighteenth, fortune, gaze, graphics, ideology, intend, justify, loose, lowest, navy, policeman, proceed, rush, silk, strict, superb, tight, tin, withdrawal. (30 words). See www.websters-online-dictionary.org

## Puzzle #95: Level 1 - Difficult

### Across

1 ریاضیات
3 قابل ,شایسته
7 حاصل ,اندوختن ,اوردن بدست کردن
10 اسیابان
11 پرنده
13 ستیزه ,جدال ,بحث
15 مزاح ,خیال ,خلق
16 کردن خرسند ,کردن خشنود
17 هراس ,اخطار
19 بنوازید ارام
20 عهده از ,گرفتن بعهده اسباب ,برامدن
23 رشته ,بافته ,بافت
26 ان بموجب که ,ان لهبوسي که
29 ,گرفتن دیفرانسیل ,دیدن دادن تشخیص
30 رك ,راست ,درست

### Down

2 مخصوص ,خاص
4 همسران
5 ترسناك ,عجیب ,شگرف
6 کننده ترکیب ,دهنده ترکیب
8 پارچه ,قماش
9 تمیز ,تبعیض
12 شدن پدیدار
14 پایداری ,شدن مانع
18 هفته به هفته
21 مرز از دور
22 زادن ,کردن احداث ,اوردن بوجود
24 ,نادرست ,منصفانه غیر ناهموار
25 کمبود ,کسرعمل ,کسر
27 شماره به وابسته
28 برات

**Solutions:** acquire, alarm, cheque, cloth, component, controversy, deficit, digital, discrimination, distinguish, emerge, generate, humour, interior, mathematics, miller, piano, qualified, resist, satisfy, specially, straightforward, tackle, tissue, tremendous, unfair, weekly, whereby, wildlife, wives. (30 words). See www.websters-online-dictionary.org

# Puzzle #96: Level 1 - Very Difficult

© Philip M. Parker, INSEAD; www.websters-online-dictionary.org

## Across

1 مسافرت و گردش ,سواری, گاه لنگر
4 واواز ساز ,واواز ساز انجمن, کنسرت
7 ساکن ,کردن ساکت ,ساکت
9 پایین طبقه
12 پوست ,ریختن پوست کپر ,انداختن
13 گذار قانون
15 مهندس ,کردن اداره
19 معاینه ,تفتیش ,بازدید
22 لنگرگاه
23 گرفتن موش
24 اینچ
25 رتبه
26 هانیدنر
27 لمس
29 ثابت ,بموقع ,بهنگام
30 گدار

## Down

2 لذت ,شوق ,کردن دلشاد
3 اشاره ,ادا ,رفتار
5 ناازموده ,مرغ جوجه ,بچه
6 دادن مسابقه ,با کردن رقابت
8 وزیر نخست
10 فروشنده
11 بری جیب
14 محجوب ,اراسته
16 نمایش
17 مصرف ,دسترس
18 متمایز
20 ورش‌فرا
21 کننده پیگرد ,پیگرد
28 افزار

**Solutions:** calm, chicken, compete, concert, decent, delight, disposal, distinguished, downstairs, engineer, exposure, ford, gear, gesture, handling, harbour, inch, inspection, legislative, mouse, pat, picking, premier, productivity, prosecution, rank, rescue, riding, seller, shed. (30 words). See www.websters-online-dictionary.org

# Puzzle #97: Level 1 - Very Difficult

**Across**

1 اصغر, کمتر
6 ردیف, فتراد
7 خواب بهار, تراس, تراس دار, کردن
8 نصرت طاق, امدن غالب, فتح
11 طراح
12 قابلیت مقایسه, قیاس
13 پشت داری
15 تفکیک, متارکه, فراق
17 رنگارنگ, گوناگون, متنوع
18 در واقع, زیرزمین
20 رد, ابا, امتناع
21 پاسبان, ارتش افسر, ضابط
22 دسیسه, رسم کردن, طرح
23 متمایز
25 نمایش حزن انگیز, مصیبت, فاجعه
26 غیر واجب, نالازم
27 بیستمین, یک بیستم
28 جو

**Down**

2 زیرک, ماهرانه
3 اسانس, ذات, وجود
4 سینما
5 متحیر کننده
9 فوق العاده
10 چشم هم
11 دمونستراسیون, نمایش
14 درحال نزع, مردن, مرگ
16 قلمروقدرت
19 واژه نامه, قاموس, کتاب لغت
21 گونه, لب
24 بزمین نشستن هواپیما, پاگردان, فرودگاه هواپیما

**Solutions:** amazing, backed, cheek, comparable, constable, demonstration, designer, dictionary, distinguished, dying, essence, grain, jurisdiction, landing, lesser, movie, plot, precious, refusal, rival, separation, subtle, succession, terrace, tragedy, triumph, twentieth, underground, unnecessary, varied. (30 words). See www.websters-online-dictionary.org

## Puzzle #98: Level 1 - Very Difficult

### Across

1 جراثقال دوار, جراثقال لوکوموتیو
5 دهکده, بخش
6 توده, سد, اندوختن
8 حساس, خوشمزه, ظریف
11 رهنمود, دهنده دستور, دستور متضمن
14 فروشنده, ورق دهنده
16 جلوبردن
18 انبوه, دوچرخه
19 قیاس, مقایسه قابلیت پذیر
22 مراسم, تشریفات, جشن
23 جو و پرس
24 نجات, کردن ازاد
25 خورد
27 اشتراك
29 نقطه, اتصال, برخوردگاه اتصال

### Down

2 نوزادگاه, قلمستان, گلخانه
3 ملون
4 کمربند, ردن محاصره, تسمه
7 ماهیچه, عضله
9 تراشه
10 مهم غیر
12 دریچه, دربستن, بستار
13 پوشش
15 ممکن غیر, تصوری
17 خریدار
19 وفاق, عام توافق, اجماع
20 سیار ستاره, بخت ستاره
21 گرد اجرگوشه, اجرگرفتن, اجر
26 روباه
28 های, وه

**Solutions:** ate, belt, bike, boost, borough, brick, casual, ceremony, chip, closure, coloured, comparable, consensus, coverage, dealer, delicate, directive, enquiry, fox, hey, jenny, junction, liberation, muscle, nursery, pile, planet, purchaser, romantic, sharing. (30 words). See www.websters-online-dictionary.org

# Puzzle #99: Level 1 - Very Difficult

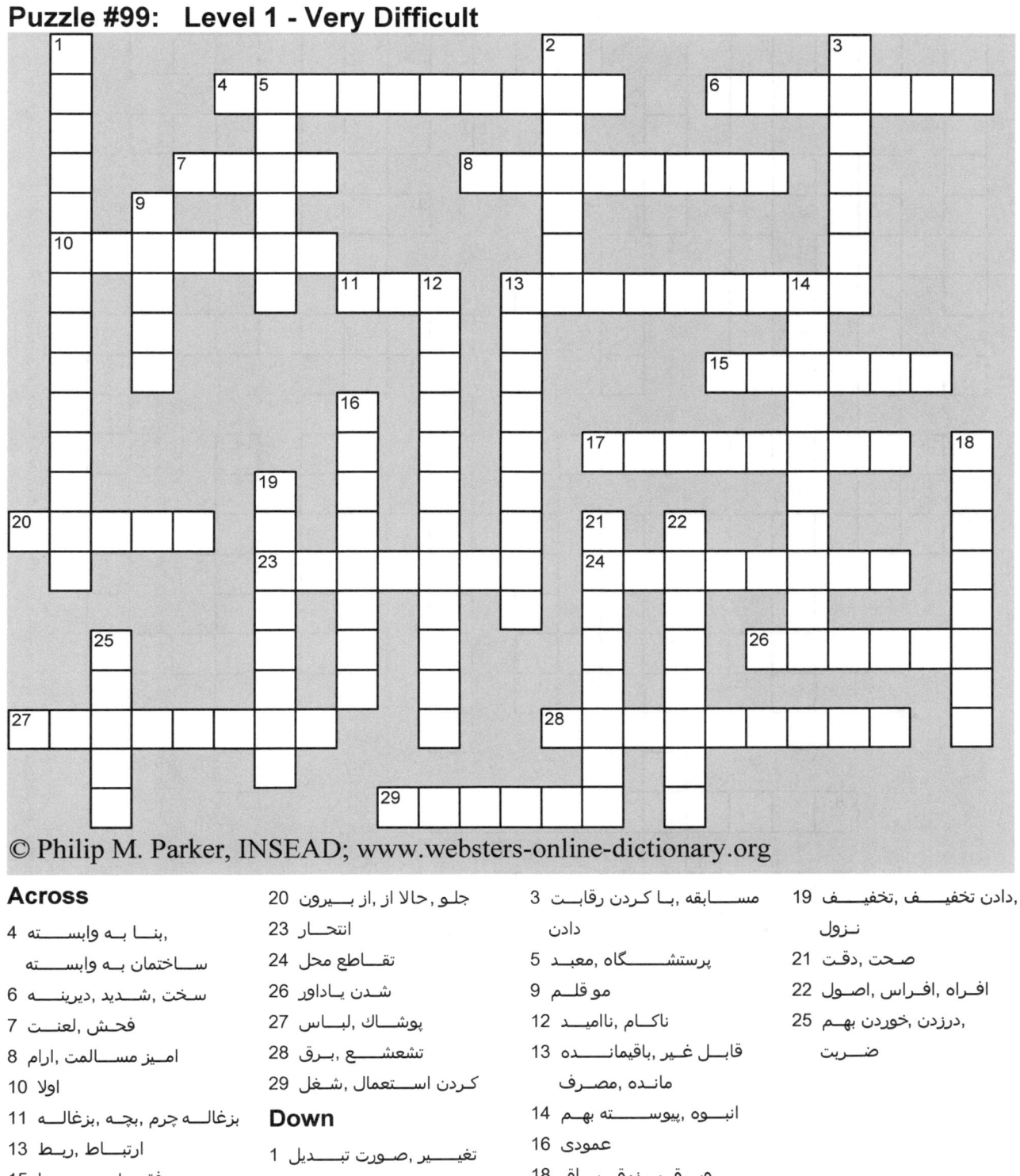

© Philip M. Parker, INSEAD; www.websters-online-dictionary.org

**Across**

4 وابسته به بنا, وابسته به ساختمان
6 دیرینه, شدید, سخت
7 لعنت, فحش
8 ارام, مسالمت امیز
10 اولا
11 بزغاله, بچه, بزغاله چرم
13 ریط, ارتباط
15 منحصرا, فقط
17 ضعف, عیب, فتور
20 از, بیرون, حالا از, جلو
23 انتحار
24 محل تقاطع
26 یاداور شدن
27 لباس, پوشاك
28 برق, تشعشع
29 شغل, استعمال کردن

**Down**

1 تبدیل, صورت, تغییر شکل
2 قابل پرداخت
3 رقابت کردن با, مسابقه دادن
5 معبد, پرستشگاه
9 موقلم
12 ناامید, ناکام
13 باقیمانده, غیر قابل مصرف, مانده
14 بهم پیوسته, انبوه
16 عمودی
18 براق, پرزرق وبرق
19 تخفیف, تخفیف دادن, نزول
21 دقت, صحت
22 اصول, افراس, افراه
25 بهم خوردن, درزدن, ضربت

**Solutions:** accuracy, brush, chronic, clothing, collective, compete, crossing, damn, disappointed, discount, doctrine, employ, firstly, forth, kid, knock, payable, peaceful, radiation, relevance, remainder, remind, solely, splendid, structural, suicide, temple, transformation, vertical, weakness. (30 words). See www.websters-online-dictionary.org

# Puzzle #100: Level 1 - Very Difficult

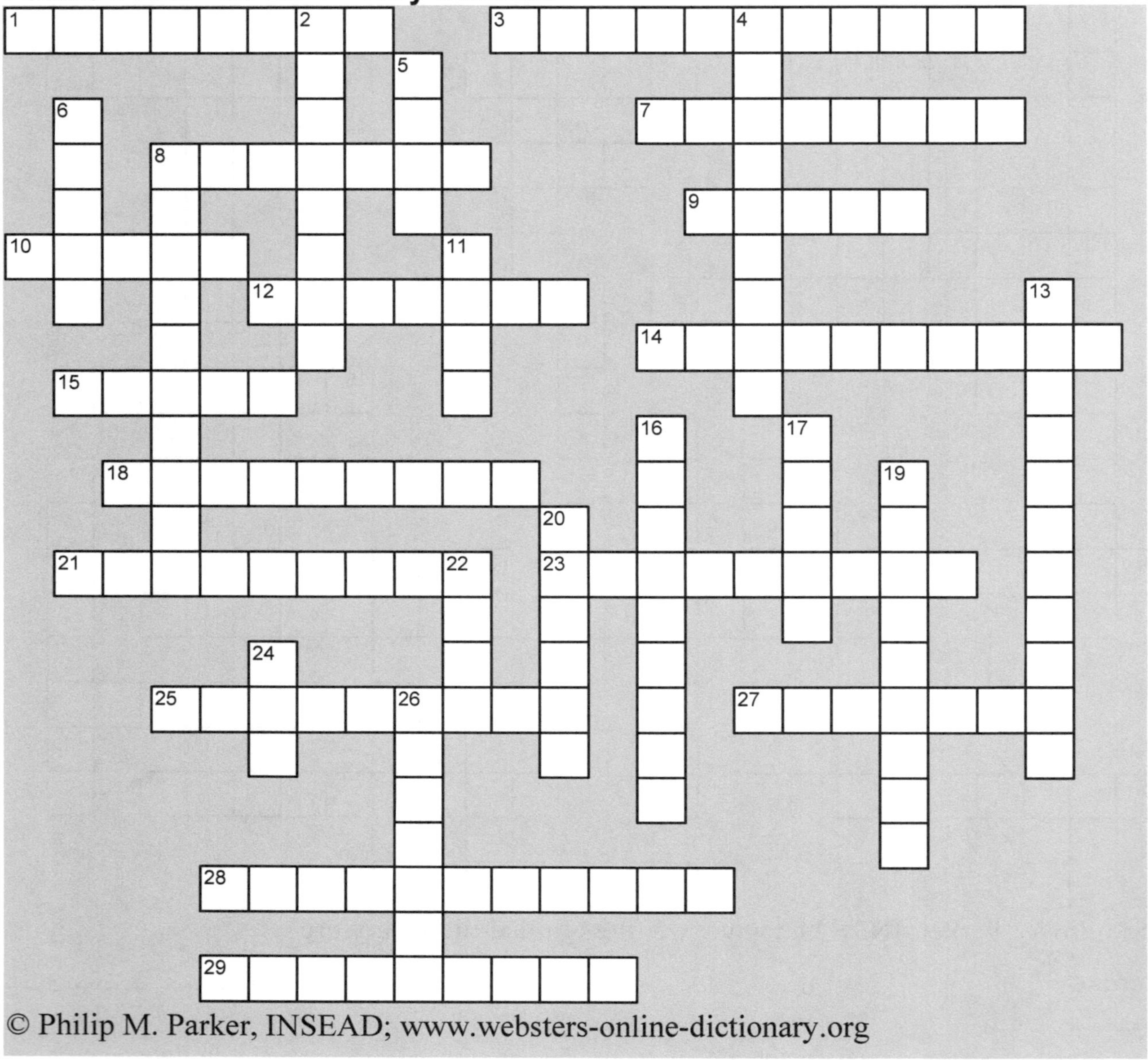

© Philip M. Parker, INSEAD; www.websters-online-dictionary.org

## Across

1 روشن, صریح, تصریح شده
3 درشرف, نزدیك
7 تجارت, معاشرت
8 باهم پیوستن, متحد شدن, ملحق شدن
9 درنگ, توقف, وقفه
10 صعود, سوار شدن, سوار كردن
12 درحال تعلیق, اویز, اویزان
14 ایالت نشین, كوته فكر
15 بزه, جرم, تقصیر
18 سوء ظن, تردید, مظنون بودن
21 حاصلا, تصحیح
23 بادقت شرح دادن, زحمت درست شده, استادانه درست
25 رجحان امتیاز, حق ویژه
27 كشاورز
28 اندازه, اندازه گیری, سنجش

## Down

2 دادگاه محكمه
4 هم نشین, همراه همدم, پهلو
5 دریاچه, تالاپ
6 هرج ومرج
8 تشكیل دادن, تاسیس كردن
11 غرق شدن, حفره گودال یا, گود افتادن
13 شركت كردن, شریك شدن
16 سازمان یافته
17 نگاره, نقشه, نمودار
19 شدت, قوت
20 تذكیر و تانیث, قسم, نوع
22 لوله
24 انجیر
26 درس, خطابه, كنفرانس
29 قطارهم

**Solutions:** amendment, chaos, chart, colleague, combine, commerce, companion, constitute, definite, elaborate, fig, forthcoming, gender, guilt, hanging, intensity, lecture, measurement, mount, organized, participate, pause, peasant, pond, privilege, provincial, sink, suspicion, tribunal, tube. (30 words).
See www.websters-online-dictionary.org

# Solutions

**Puzzle #1. Across:** 2. انها = they, 4. دگربار = again, 6. روز = day, 8. از = from, 10. اندر = into, 14. خواسته = would, 17. با = with, 18. داروندار = all, 19. هرگز = never, 20. اشاره بدور = that, 23. متحد = one, 25. هرچند = however, 27. عدد = number, 28. او = she, 29. واقعا = really, 32. بدانجا = there, 33. اما = but. **Down:** 1. حرف ربط = what, 3. مال شما = your, 5. و = and, 7. شما = you, 9. بیشتر = more, 11. حالا = now, 12. که = which, 13. جا = place, 15. بارها = often, 16. جلو = before, 20. بعد = then, 21. غالبا = some, 22. مال او = its, 24. باو = her, 26. تنها = only, 30. هنوز = yet, 31. بعد = next.

**Puzzle #2. Across:** 4. گرفتن = take, 5. جدا = another, 7. داشتن = own, 8. مابین = between, 9. دیدن = see, 11. فاقد = without, 12. ساخته شده = made, 15. سال = year, 17. نسبت به = than, 20. بر = man, 21. نیز = also, 23. پایین = down, 24. ملت = people, 26. درست = right, 27. چطور = how, 29. نخست = first. **Down:** 1. زیرا = because, 2. تازه = new, 3. دانستن = know, 4. بخاطر = through, 6. بسا = many, 8. هردو = both, 9. اظهار = say, 10. عمر = life, 12. زیاد = much, 13. طرز = way, 14. اینجا = here, 16. زوج = even, 18. بعداز = after, 19. زیر = under, 21. بر = against, 22. چنین = such, 25. دیگر = other, 28. مال ما = our.

**Puzzle #3. Across:** 4. اخبار = information, 8. دوم = second, 9. مجموعه = set, 13. محقر = small, 15. معدود = little, 16. نقطه = point, 18. طرفدار = party, 19. شهر = home, 20. جهاز = system, 23. معین = given, 24. هر یك = each, 28. اخر = end, 29. جلوتر = further, 30. سراسر = quite. **Down:** 1. بعد از = since, 2. ظاهر = look, 3. یافتن = find, 5. دور = away, 6. لزوم = need, 7. خانه = house, 10. سر = thought, 11. گروه = group, 12. اگرچه = although, 14. همواره = always, 17. پول = money, 21. هر = every, 22. مردها = men, 25. قطع = off, 26. تومند = great, 27. چرا = why.

**Puzzle #4. Across:** 2. پیش از این = already, 4. توان بود = perhaps, 8. تا = until, 9. بسط = development, 10. مدد = help, 13. نقض = not, 14. چیز = thing, 15. شان = their, 17. بقدر = for, 18. صورت = face, 19. حالت = state, 21. کشور = country, 23. خاندان = family, 25. هفته = week, 26. ناحیه = area, 27. تجارت = business. **Down:** 1. بزرگ = large, 2. دور = around, 3. بس = enough, 5. خودش = himself, 6. شدن = become, 7. انجام شده = done, 11. اقتدار = power, 12. این = this, 15. گفتن = tell, 16. اتاق = room, 20. طرف = side, 22. صفر = nothing, 24. هستید = are, 25. بود = was.

**Puzzle #5. Across:** 2. دولت = government, 5. با = about, 6. بانها = them, 7. بیشترین = most, 8. انجمن = council, 12. گفت = said, 14. بهمان اندازه = same, 15. زور = might, 17. سه = three, 19. روزگار = world, 22. شخصیت = being, 25. تماما = well, 26. اینها = these. **Down:** 1. ازنوع = any, 3. روزگار = time, 4. تنها = just, 6. انان = those, 7. باید = must, 9. امدن = come, 10. بسیار = very, 11. استفاده = use, 13. انجام داد = did, 16. ارجمند = good, 17. اندیشیدن = think, 18. بله = yes, 19. اراده کردن = will, 20. بازپسین = last, 21. مانند = like, 23. دو = two, 24. وقتیکه = when.

**Puzzle #6. Across:** 1. مهم = important, 6. دسته = company, 8. درجریان = during, 9. بنیاد نهادن = found, 11. دیس = form, 12. باندازه = within, 15. پهلو = hand, 20. مقدور = possible, 21. در صورتیکه = while, 22. پنجگانه = five, 23. امد = came, 25. درطرف چپ = left, 26. مورد = case, 27. جدا کردن = part, 28. اشکار = public, 29. ایا = whether, 30. برنامه شبانه = night. **Down:** 2. متوسط = mean, 3. گذشته = old, 4. بهرجهت = though, 5. برنا = young, 7. تقریبا = almost, 10. جمعیت دوست = social, 13. شهروند = national, 14. اب = water, 16. متمایز = different, 17. در کدام قسمت = where, 18. چیزی = something, 19. حقیقت = fact, 24. اصغر = less.

**Puzzle #7. Across:** 1. یکمرتبه = once, 4. دربار = court, 6. سود = interest, 7. مهاد = major, 9. صدا = voice, 12. زود = early, 14. دردسترس = available, 16. اثر = effect, 17. گفته شده = told, 18. احساس کردن = feel, 19. بازار = market, 21. سو = half, 23. بامداد = morning, 24. جور = sort, 25. چند = several, 26. در = door. **Down:** 2. هرگز = ever, 3. انسداد = let, 4. پول خرد = change, 5.

خدمت = service, 8. معبر = road, 10. باز = open, 11. پدر = father, 13. هموار = level, 15. واقعا = actually, 18. پر = full, 20. سرتاسر = across, 21. بلند = high, 22. شش = six, 23. مادر = mother.

**Puzzle #8. Across:** 2. داتا = law, 4. سیاه = black, 5. روند = process, 9. بزرگ = big, 11. بدن = body, 14. بر = upon, 15. دفتر = office, 16. میلیون = million, 19. چشم انداز = view, 20. برتر = above, 21. گرد = round, 23. با = together, 26. ابرو = name, 27. عمده = main, 29. جامعه = society. **Down:** 1. سطر = line, 2. راستنما = likely, 3. امر = job, 6. کارمندان = staff, 7. ساخت = making, 8. موقعیت = position, 10. جامع = general, 12. نشان دادن = show, 13. جستجو = research, 17. سراسر = whole, 18. شخص = person, 22. بعداز = behind, 24. راستین = real, 25. انتشار = report, 28. دفتر = book.

**Puzzle #9. Across:** 1. لحظه = moment, 3. جنوب = south, 6. معما = problem, 7. سفید = white, 8. باور کردن = believe, 9. انگاره = idea, 11. شمال = north, 13. دشوار = difficult, 14. ویژه = particular, 16. دوست داشتن = love, 18. شعور = sense, 22. باید = shall, 24. دستور = order, 26. اداره = management, 27. کنش = action, 28. روا = free. **Down:** 2. میز = table, 3. ویژه = special, 4. شروع = start, 5. دوره = age, 10. بهراندازه = anything, 12. راندن = run, 14. پاسبان = police, 15. برامد = result, 17. تجربه = experience, 19. گواه = evidence, 20. نسبتا = rather, 21. رزم = war, 23. خواندن = read, 25. اجرت = pay.

**Puzzle #10. Across:** 2. خودشان = themselves, 6. درمیان = among, 8. شفاف = clear, 10. جنس زن = woman, 11. بدین گونه = thus, 12. شهر = city, 13. خدمت کردن = minister, 15. تهیه کردن = provide, 19. استفهام = question, 20. امروز = today, 24. بدلیل ان = therefore, 26. ازمایش = try, 27. ثالث = third, 28. ذیل = following. **Down:** 1. بچه = child, 3. تایید = support, 4. اره = saw, 5. اجتماع = community, 7. بامحبت = kind, 8. تنظیم کردن = control, 9. اقتصادی = economic, 12. بیم = care, 14. دوره = period, 16. حال = health, 17. خود = itself, 18. مشغول کار = working, 21. درس دنخوان = study, 22. نمد = felt, 23. دانست = knew, 25. بعید = far.

**Puzzle #11. Across:** 1. دوست = friend, 5. گروه = team, 9. زمین = land, 10. پرسیدن = ask, 14. بها = value, 16. حاضر = present, 17. تاریخ = history, 18. برد = range, 20. هوا = air, 22. بها = price, 23. واقعا = indeed, 25. دختر = girl, 27. سرباز = private, 28. عهد = word, 29. صد = hundred. **Down:** 2. درچند = rate, 3. بستر = bed, 4. صنعت = industry, 6. عضو = member, 7. دیروز = yesterday, 8. امر = matter, 11. زبان = language, 12. بها = cost, 13. باختر = west, 15. مال او = whose, 19. واحد = single, 21. ده = ten, 24. درگذشت = death, 26. خوراک = food, 27. گذشته = past.

**Puzzle #12. Across:** 2. گفته = saying, 4. صحنه نمایش = stage, 6. دلیل = reason, 7. جور = class, 10. امید = hope, 13. طبیعت = nature, 14. شابهم = similar, 15. راستگو = true, 17. قصبه حومه شهر = town, 18. زمین = ground, 20. واقعا = simply, 22. صورت جلسه = minutes, 23. بخش = role, 24. موثر = live, 26. دشوار = hard, 27. استوار = sure, 28. بخش = section. **Down:** 1. احضار = call, 2. جا = situation, 3. نزدیک = near, 5. بر حسب لزوم = needs, 8. زود = soon, 9. بیگانه = foreign, 11. حتما = certainly, 12. گونه = type, 16. تشکیل دهنده = former, 19. بیرون = outside, 21. زن = wife, 23. تازه = recent, 25. خاور مشرق = east.

**Puzzle #13. Across:** 3. رو = top, 6. رشد = increase, 8. فهمیدن = understand, 10. معمولا = usually, 14. برزش = practice, 16. عددهشت = eight, 18. اجتماع = meeting, 22. بخاطراوردن = remember, 26. بایسته = necessary, 27. بخش = department, 28. بنظر امدن = seem. **Down:** 1. وجود = quality, 2. دانشگاه = university, 4. روزنامه = paper, 5. شخص محترم = sir, 7. نزدیک = close, 9. مستقر = based, 11. بانک = bank, 12. معدود = few, 13. جاده = street, 14. برنامه تهیه کردن = programme, 15. سده = century, 17. اجتماع = union, 18. حرکت = move, 19. مجلس مشاوره = committee, 20. خود ان زن = herself, 21. عزم = decision, 23. گوناگون = various, 24. هفت = seven, 25. معدود = poor.

**Puzzle #14. Across:** 3. فرد = individual, 4. شوهر = husband, 6. باشگاه = club, 7. فضا = space, 8. جلو = forward, 10. خطا = wrong, 11. رشد = growth, 18. سخت = strong, 19. نژاد = issue, 20. کوشا = trying, 23. قرمز = red, 24. مو = hair, 25. اندرز = advice, 27. واحد = unit, 29. اجرا = performance. **Down:** 1. تهمت = tax, 2. اهنگ = music, 3. در برداشتن = include, 5. درخور = appropriate, 9.

مشترک = common, 12. شاد = happy, 13. خبر = news, 14. اخرت = future, 15. برج = month, 16. استخراج = production, 17. شاه = king, 21. به رساندن = bring, 22. خطر = risk, 26. متاثر = sorry, 28. هنر = art.

**Puzzle #15. Across:** 3. شدن نزدیک = approach, 5. ساختمان = building, 6. بیمارستان = hospital, 8. رفته دست از = lost, 10. زور = force, 13. پاسخ = answer, 15. جوهر = heart, 16. تخته = board, 18. شکل = figure, 20. دنباله = series, 21. بنا = structure, 23. بریدن = cut, 24. ساده = simple, 25. مدرک = record, 26. حساب = account, 27. خاطر = attention. **Down:** 1. گفتگو = talk, 2. مباشر = manager, 4. سرسرا = hall, 5. اساس = basis, 7. لطفا = please, 9. دبیر = secretary, 11. میدان = field, 12. امنیت = security, 14. بصیرت = knowledge, 17. درون = inside, 19. سودمند = useful, 20. زیرموضوع = subject, 22. مشترک = common, 24. ایست = stop.

**Puzzle #16. Across:** 1. نوین = modern, 4. طرح = plan, 6. حرکت = movement, 9. زاد = son, 10. ارتباط = relationship, 13. با = per, 14. دادن سوق = lead, 15. خاصیت = property, 18. حد = deal, 19. عاقبت = finally, 21. نور = light, 22. عدد نه = nine, 23. اندازه = size, 25. محیط = environment, 27. متوسط = normal, 28. سراسر = throughout. **Down:** 2. دلپسند = nice, 3. دیر = late, 4. فشار دادن = press, 5. طرح = project, 7. کل = total, 8. داستان = story, 11. نمونه = example, 12. جمعیت = population, 16. جلو = along, 17. خرده = bit, 18. قصد = design, 20. توافق = agreement, 24. بها = worth, 26. پسر = boy.

**Puzzle #17. Across:** 4. صدا = sound, 6. برنامه = scheme, 8. مربوط = material, 9. حاصلضرب = product, 11. روستا = village, 13. ختبا = loss, 15. خرما درخت = date, 19. ابتیاع = buy, 20. روابط = term, 21. بخش = share, 22. نمونه = model, 24. فعالیت = activity, 27. جریان = current, 29. اطاق کف = floor. **Down:** 1. رفتار = treatment, 2. اول = prime, 3. دورتر = beyond, 5. تقریبا = nearly, 7. دوتا = couple, 9. فشار = pressure, 10. دیوار = wall, 12. درامد = income, 14. ویژه = specific, 16. شرکت = association, 17. زور = energy, 18. لشگر = army, 23. ارزو = wish, 25. پسند = choice, 26. مهار = stay, 28. حد = mark.

**Puzzle #18. Across:** 1. صفحه = page, 4. فصل = season, 5. سند = bill, 6. باخبر = aware, 10. بخش = county, 12. وسعت = extent, 14. پسند توده = popular, 15. فرصت = opportunity, 18. مستقل = independent, 20. درخواست = appeal, 21. ساغر = cup, 24. اصیل = original, 25. رویداد = event, 27. غبار = film, 28. گفتگو = conference. **Down:** 2. درخواست = application, 3. علم = science, 4. ایستادن = stand, 7. درست = exactly, 8. پنجره = window, 9. احساس = feeling, 11. داشتن چشم = expect, 13. نوشتن = write, 15. عمل = operation, 16. کردن فرض = suppose, 17. ادعا = claim, 19. تصور = picture, 22. مهمانخانه = hotel, 23. باغ = garden, 26. مغازه = shop.

**Puzzle #19. Across:** 1. سرشب = evening, 4. درخور = meet, 5. بدخو = bad, 7. شمارنده = computer, 8. ندرتا = short, 11. مشروع = legal, 12. نوشتن باحروف = letter, 14. بسرعت = quickly, 18. سیاهه = list, 20. جدی = serious, 21. بخت = chance, 23. وابسته بانسان = human, 24. عرضه = offer, 25. انچه = whatever, 28. اماده = provided, 29. شاهانه = royal. **Down:** 2. احمق = natural, 3. شدن بالغ = amount, 6. تحلیل = analysis, 9. داشتن دردست = hold, 10. جلوتر = previous, 13. برگشت = return, 15. شخص خودم = myself, 16. وجود با = despite, 17. هرچیز = anyone, 19. درزیر = below, 21. باب = chapter, 22. کردن درک = hear, 26. نظریه = theory, 27. اخرین = final.

**Puzzle #20. Across:** 1. عمده = significant, 6. کردن تولید = produce, 7. رساندن بانجام = complete, 9. شمال ساکن = northern, 13. بغرنج = involved, 17. کردن جستجو = fish, 19. تابستان = summer, 20. ارتش = military, 25. ساعت = hour, 26. جنبش = cause, 28. دادن ادامه = continue, 29. کامیاب = successful, 30. کننده اداره = director. **Down:** 2. صنعت اهل = industrial, 3. رخصت دادن = allow, 4. فنون = technology, 5. بشره = colour, 8. شروع = beginning, 10. بهرحال = anyway, 11. تفاضل = difference, 12. ازمایش = test, 14. خوب بسیار = okay, 15. روان = easy, 16. عموما = generally, 18. خوب = fine, 21. ازموده = tried, 22. مگر = unless, 23. سپاس = thank, 24. ظاهرشدن = appear, 27. مرده = dead.

**Puzzle #21. Across:** 1. کردن هدایت = direct, 3. قصد = purpose, 6. انداختن = fell, 7. رساندن بانجام = complete, 9. بازو = arm, 11. هزار = thousand, 12. اظهار = statement, 15. شما شخص = yourself, 17. بار = charge, 19. روغن = oil, 20. جدا = separate, 21. سبک = style, 23. کردن جستجو = attempt, 25. نفوذ = influence, 26. شاید = maybe, 27. اقتصاد = economy, 28. کردن متقاعد = ensure.

**Down:** 2. سرمایه گذاری = investment, 4. جا = site, 5. فرستاد = sent, 7. انجام = commission, 8. گردشگاه = park, 10. دکتر = doctor, 13. رهبر = leader, 14. بدوش گرفتن = carry, 16. موثر = effective, 17. با اندیشه صحیح = considered, 18. قرارداد = contract, 22. بانو = lady, 24. جلد = cover.

**Puzzle #22. Across:** 2. مقدار = proportion, 6. درد = pain, 7. سود = profit, 8. ترازو = balance, 10. ممتاز = excellent, 11. هوا= weather, 12. نوزاد = baby, 15. برابر = equal, 16. جانور = animal, 18. نظر = opinion, 19. داد = justice, 20. اعتبار = credit, 23. عنصر = element, 24. سخنگو = speaker, 26. قرارداد = contract, 27. جستجو = search. **Down:** 1. دانشجو = student, 2. گذر = pass, 3. افسر = officer, 4. عاجز = unable, 5. بار = audience, 9. متوسط = average, 13. ظاهر = appearance, 14. الگو = pattern, 16. جلو = ahead, 17. نبرد = battle, 21. گفتار = speech, 22. پا = leg, 24. تابلو = sign, 25. توانگر = rich.

**Puzzle #23. Across:** 1. بردن = win, 2. بوم = region, 6. اعتبار = importance, 8. موتور = engine, 14. واکنش = response, 15. پذیرفتن = accept, 16. دونده = running, 17. روش = method, 19. منبع = source, 20. زنده = living, 21. نوع = species, 24. استنباط = follow, 25. تنها = alone, 26. اکثریت = majority, 27. خواب الود = heavy, 28. وظیفه = task. **Down:** 1. گشاد = wide, 3. سبز = green, 4. تکه = piece, 5. ایستگاه = station, 7. ضدیت = opposition, 9. باور = belief, 10. محدود = narrow, 11. افتادن = fall, 12. زینه = degree, 13. اختر = star, 18. فردا = tomorrow, 20. ناقص بودن = lack, 22. مجلس = parliament, 23. تند = fast.

**Puzzle #24. Across:** 5. اشکار = obvious, 7. ساعت = watch, 9. خط = character, 12. فرهنگ = culture, 13. ماشین = machine, 15. زیبا = beautiful, 16. تجهیزات = equipment, 21. ازار = trouble, 22. عهده دار = responsible, 23. بازدید = review, 25. نشستن = sit, 26. ماندن = remain, 27. فروش = sale, 28. مفاد = context, 29. برخاستن = rise. **Down:** 1. تند = hot, 2. ظاهر = surface, 3. طور دیگر = otherwise, 4. واریته = variety, 6. ربط = concern, 8. معاوضه = exchange, 10. صلح وصفا = peace, 11. امنیت = safety, 14. دستور = rule, 17. بند = provision, 18. دستور = direction, 19. پست = post, 20. اموختار = teacher, 24. انفصال = break, 25. وضعیت = status.

**Puzzle #25. Across:** 2. عمل = function, 4. گام = step, 5. سنگ = stone, 8. حراست = protection, 10. اخطار = notice, 13. مادر = mum, 14. شرح دادن = explain, 15. سگ نر = dog, 16. راهنما = key, 17. افزودن = add, 18. شرکت = firm, 20. ازدواج = marriage, 23. گرداورد = collection, 25. پول نقد = cash, 26. بعدازظهر = afternoon, 27. اصل = principle, 28. شرط = condition. **Down:** 1. سترگ = huge, 3. گود = deep, 4. زرگر = smith, 6. مثبت = positive, 7. گفتگو = discussion, 9. عهده دار = responsible, 11. مربوط = relevant, 12. راست = straight, 19. مسابقه = match, 21. سالیانه = annual, 22. ترجمه = version, 24. ابدا = none, 25. مقر = chair.

**Puzzle #26. Across:** 1. حافظه = memory, 3. سر = chief, 5. فشار = impact, 7. بیان = expression, 8. ورزش = exercise, 10. مقرر = regular, 11. سرما = cold, 12. اخر = latter, 15. خواهر = sister, 17. تصور = image, 20. بیم = fear, 22. اوا = phone, 23. متصل کردن = join, 24. پتانسیل = potential, 25. بخار = gas, 26. پا = foot, 27. گام = scale, 28. سرعت = speed. **Down:** 2. تبار = race, 3. گوشه = corner, 4. متن = text, 6. شوهردار = married, 9. پیشه گاه = studio, 10. دریافت کردن = receive, 13. جایزه = award, 14. تنزل بردار = active, 16. تقلا = effort, 18. سود = advantage, 19. دورگو = telephone, 21. صرف کردن = spend.

**Puzzle #27. Across:** 4. خواب = sleep, 5. لبخند = smile, 8. امکان = possibility, 11. شکسته = broken, 15. اعتقاد = confidence, 17. بدتر = worse, 19. پره چرخ = spoke, 20. شبکه = network, 22. شتا = winter, 23. بند = article, 25. عزیز = dear, 26. بعد = distance, 27. مشروط بر اینکه = providing, 28. زور = strength. **Down:** 1. ساختن = build, 2. وضع قاون = legislation, 3. تقلیل دادن = reduce, 6. جلد = skin, 7. پیشرفت کردن = progress, 8. نیرومند = powerful, 9. باند = band, 10. قطار = train, 12. چشم انداز = scene, 13. تظر = understanding, 14. پیام = message, 16. بیشه = forest, 18. بیشه = wood, 21. درست = correct, 22. گرم = warm, 24. درازا = length.

**Puzzle #28. Across:** 1. منصف = fair, 8. انباشتن = stuff, 9. از دست دادن = lose, 10. عامل = factor, 12. روح = spirit, 13. کشتزار = farm, 14. مقصود = meaning, 15. برخوردارشدن از = enjoy, 17. مرا = mine, 19. حقیقت = reality, 21. صخره = rock, 23. نظر = sight, 24. شراب = wine, 25. قفسه = cabinet, 26. خانه دار = domestic, 27. باران = rain, 28. مناسب = becoming. **Down:** 2. براورد

= assessment, 3. معمول = usual, 4. منصب صاحب = official, 5. تپه = hill, 6. بجا = proper, 7. شهبانو = queen, 8. ناشناس = strange, 11. جنایت = crime, 13. مشهور = famous, 16. سازمان = organization, 18. مقدمه = introduction, 20. زندان = prison, 22. دعا = vote.

**Puzzle #29. Across:** 1. گرایش = attitude, 5. سیما = feature, 6. جا = seat, 8. مرشد = master, 10. گوارا = soft, 11. گران = expensive, 14. رفتار = manner, 15. بزرگتر = senior, 16. نشانگاه = target, 20. کاربر = user, 21. جفت = pair, 22. راه باریك = path, 24. کردن تصور = imagine, 26. هدف = goal, 27. استعداد = capacity. **Down:** 1. هواپیما = aircraft, 2. همزاد = double, 3. کردن بهتر = improve, 4. امن = safe, 7. دوبار = twice, 9. اظهار = showing, 12. دانش = learning, 13. روندادب = output, 14. اندازه = measure, 15. درخورد = suitable, 17. اثر = track, 18. دید = seeing, 19. صورت = shape, 23. حلقه = ring, 25. کس هیچ = nobody.

**Puzzle #30. Across:** 1. گفتگو = conversation, 4. تعهد = commitment, 6. درخشان = bright, 8. کردن رها = release, 10. چیز = object, 11. واکنش = reaction, 13. گردن = neck, 14. رستن = grow, 16. مشهور = grand, 17. بحران = crisis, 18. بیصدا = quiet, 19. جلد = copy, 21. تظاهر = display, 24. طاهر = clean, 27. نبودن = absence, 28. نما خوش = pretty, 29. برامد = expenditure. **Down:** 1. برخورد = conflict, 2. قتل = murder, 3. جنوبا = southern, 5. خشونت = violence, 7. شناخت = recognition, 9. شق = alternative, 12. نسبتا = partly, 15. خرد = tiny, 20. ظفر = victory, 22. شنیدن = listen, 23. جمله = sentence, 25. غذا = keeping, 26. دادن رخ = occur.

**Puzzle #31. Across:** 3. مورد = occasion, 7. حکم = finding, 9. اختیار = option, 11. دوزخ = hell, 13. مجذور = square, 14. اضطراب = worry, 19. مسیر = route, 20. بردبار = patient, 21. اجتماع = assembly, 23. قایق = boat, 25. بجز = except, 27. بزرگداشت = respect, 29. بنداد = institute. **Down:** 1. تقاطع نقطه = focus, 2. پرداخت = payment, 4. شاخه = branch, 5. پانزده = fifteen, 6. اعتقاد = faith, 8. ظاهر = apparent, 10. انبساط = pleasure, 12. دژ = castle, 15. جا همه = overall, 16. شاهزاده = prince, 17. کمترین = least, 18. جلد = volume, 20. نوازنده = player, 22. کردن خدمت = serve, 24. ملك = estate, 26. سفر = tour, 28. اتوبوس = bus.

**Puzzle #32. Across:** 3. دلربا = attractive, 6. درخواست = demand, 7. ناخدا = captain, 8. مالك = owner, 10. ارزو = desire, 12. تاج = crown, 13. کردن حفاظت = protect, 16. اماده = ready, 18. وافر = liberal, 20. مشغول = busy, 23. جلو = front, 24. اقا = gentleman, 27. شگفت = surprise, 28. نفوذ تحت = beneath, 29. دخول = entry, 30. شناختن = identify. **Down:** 1. خوشامد = welcome, 2. گشاد = broad, 4. کردن ریاست = chairman, 5. ناهار = lunch, 9. وهنر ادب = literature, 11. طلا = gold, 14. بسته = package, 15. روزنامه = newspaper, 17. نمایش = exhibition, 19. دم = breath, 21. زدن ضربه = strike, 22. سند = document, 25. ته = bottom, 26. شوفر = driver.

**Puzzle #33. Across:** 2. بخش = sector, 6. کردن احسان = benefit, 8. دادن بسط = develop, 9. تبصره = note, 14. عمده = leading, 15. دانشگاه = college, 17. دیدن = eye, 19. رادیو = radio, 21. ضمانت = responsibility, 24. سرانجام = eventually, 26. چای = tea, 27. بخش = division, 28. سند = title, 29. افتاب = sun. **Down:** 1. دهان = mouth, 3. شایان = considerable, 4. تماما = fully, 5. رقابت = competition, 7. حلقه = ran, 8. دختر = daughter, 10. انتخاب = election, 11. رودخانه = river, 12. بر کردن اشاره = suggest, 13. جلگه = campaign, 16. راست سر = directly, 18. علت = disease, 20. استطاعت = ability, 22. دراییدن = speak, 23. شدن واقع = happen, 25. پیما راه = walk.

**Puzzle #34. Across:** 1. شده رها = spent, 3. تاریك = dark, 6. براورد = survey, 12. شدن معتاد = won, 13. از کردن دوری = avoid, 14. بستن بهم = apply, 16. خدمت = duty, 17. نشانوند = argument, 18. برخورد = contact, 21. متولد = born, 24. بزرگ = extra, 25. پنجاه = fifty, 26. بردست = aid, 27. حضور = presence. **Down:** 2. ریزی برنامه = planning, 4. صداقت = truth, 5. شروطم = limited, 6. به دادن = supply, 7. ضروری = essential, 8. کردن احسان = benefit, 9. ها رسانه = media, 10. دانستن = learn, 11. کشیدن انتظار = wait, 12. وزنه سنگ = weight, 15. کردن روانه = send, 18. افریدن = create, 19. همقطار = brother, 20. اشپزخانه = kitchen, 22. اتحاد = league, 23. بردن = drive.

**Puzzle #35. Across:** 1. شخص یك = somebody, 6. بخش = district, 7. دستخط = writing, 10. رقص = ball, 12. باضافه = plus, 13. تعطیل روز = holiday, 15. افزوده = additional, 16. خور بكار = practical, 17. خواندن = reading, 19. رخت = clothes, 20. برد = reach, 21. رفتن بفروش = sell, 22. نر جنس = male, 23. بازگشت = reference, 24. مبنا = base. **Down:** 1. جا = sitting, 2. كردن شروع = begin, 3. بجز = bar, 4. اصابت = hit, 5. كردن تحریك = edge, 7. پیچیدن = wind, 8. بیمه = insurance, 9. ربع = quarter, 10. كردن برشته = brown, 11. خوردن = eat, 12. گیاه = plant, 14. دوره = career, 18. شكست = failure, 19. بغرنج = complex, 21. درانبار = stock.

**Puzzle #36. Across:** 5. بایستن = require, 6. امشب = tonight, 7. اندوختن = save, 9. اجرا = administration, 13. قهوه درخت = coffee, 14. برخورد = address, 15. بحث = debate, 18. عادی = ordinary, 19. اشامیدن = drink, 22. یافتن دست = achieve, 24. خور در = fit, 27. كشیدن بیرون = draw, 28. بشدت = extremely, 29. كردن حمل = transport. **Down:** 1. راهبه = religious, 2. انداختن خشك = dry, 3. كشور = kingdom, 4. وجود = existence, 8. خسارت = damage, 10. بازداشتن = prevent, 11. روزبروز = daily, 12. داد وستدارتباط = traffic, 15. باباجان = dad, 16. صناعت = technical, 17. اولیه = primary, 20. خواستن = choose, 21. شولش = solution, 23. مایملك = holding, 25. دوازده = twelve, 26. چهل = forty.

**Puzzle #37. Across:** 1. زمینه = background, 5. به زدن دست = touch, 11. كردن سرزنش = check, 12. توجه قابل = substantial, 16. هركس = everybody, 17. پذیرفته = accepted, 18. جنگ = fight, 20. كردن برابر = contrast, 22. چهارمین = fourth, 24. شام = dinner, 25. توزیع = distribution, 27. دلپذیر = lovely, 28. رنج = trial, 29. هفته اخر تعطیل = weekend. **Down:** 2. مراد = aim, 3. اشكال = difficulty, 4. دادرس = judge, 6. ارتباط = communication, 7. امسلم = surely, 8. طلبیدن بمبارزه = challenge, 9. دادن اتصال = bridge, 10. معقول = reasonable, 13. كردن صرفنظر = forget, 14. تنخواه = fund, 15. بند = joint, 19. حیله = strategy, 20. عقیده = concept, 21. رجوع ارباب = client, 23. كردن وجه = tend, 26. بردن پناه بدرخت = tree.

**Puzzle #38. Across:** 3. رفته بفروش = sold, 5. فوتبال بازی = football, 6. انتقال = transfer, 7. باضافه = beside, 9. خطر = danger, 12. كردن ارام = silence, 13. درست = perfect, 16. باید = ought, 17. روش = procedure, 19. پوچ = empty, 20. انتخاب = selection, 21. حقوق اضافه = raise, 24. سرجمع بطور = totally, 27. بسته = closed, 29. عمارت = construction, 30. اشتغال عدم = unemployment. **Down:** 1. كردن ثابت = prove, 2. خون برنگ = bloody, 4. وخیم = critical, 8. بس = sufficient, 10. شرق بطرف = eastern, 11. معافیت = freedom, 14. منتخب = chosen, 15. ترسان = afraid, 18. گفتن بتفصیل = detail, 22. شبهه = doubt, 23. علم طالب = scientific, 25. وساطت = agency, 26. بخشیدن = grant, 28. عوارض = due.

**Puzzle #39. Across:** 1. جذاب غیر = unlikely, 5. اهمیت = emphasis, 7. اهنگ = setting, 10. احتیاط با = careful, 12. سلول = cell, 13. بازساخت = reform, 15. توجه = consideration, 19. ضرب = beat, 21. بهار = spring, 22. مقوا = card, 24. اغاز = birth, 26. جستجو كردن = seek, 27. زبرین = upper, 28. اعانه = contribution. **Down:** 2. مالزو = necessarily, 3. تحقیق = investigation, 4. دیگر درجای = elsewhere, 5. بودن = exist, 6. كاربردی = applied, 8. ترساندن = threat, 9. اشنا = familiar, 11. كردن پول تهیه = finance, 14. برقراركردن = establish, 15. برنامه اموزش = curriculum, 16. تن یاف وتوسعه بصط = spread, 17. اوردن بدست = enter, 18. انجمن = congress, 20. كردن ابقا = maintain, 23. شهر اهل = urban, 25. جانور شدن طلب = heat.

**Puzzle #40. Across:** 3. راهنما = guide, 7. خطا = error, 8. مامور = agent, 10. واجب = vital, 11. نادر = rare, 14. شما مال = yours, 15. روبرو = opposite, 18. اختتام = conclusion, 21. مرز = border, 22. اصفر = yellow, 23. منظر = phase, 25. غذا = meal, 26. سفر = trip, 28. حد = limit, 29. رسم = tradition, 30. مغز = brain. **Down:** 1. ضمنا = meanwhile, 2. انتقاد = criticism, 4. اثر = impression, 5. پهناور = vast, 6. زغال = coal, 9. داد قرار = treaty, 12. نمود = aspect, 13. سفر = journey, 16. گرانبها = valuable, 17. شرح = description, 19. قصد = intention, 20. استاد = professor, 24. انبار = store, 27. اتو = iron.

**Puzzle #41. Across:** 1. عهد قضن = breach, 3. امر = affair, 7. تعهد = guarantee, 10. سرور = joy, 11. تصور = notion, 14. دارو = medicine, 15. تر = wet, 16. پرستار = nurse, 17. از داشتن نفرت = hate, 18. پرگرد = paragraph, 20. بار = burden, 21. فقر = poverty, 24. هموار = smooth, 25. درصد رحسبب = percentage, 28. تند = rapid, 29. مخلوط = mixed, 30. اجرا = implementation. **Down:** 2. بسط = expansion, 4. بهبود = improvement, 5. دستمزد = wage, 6. انداز چشم = landscape, 8. اقتصاد علم =

economics, 9. عهد = promise, 12. زادروز = birthday, 13. زبر = rough, 19. اعتبار = reputation, 22. عذر = excuse, 23. جزا = penalty, 26. جدا = apart, 27. دود = smoke.

**Puzzle #42. Across:** 2. شاگرد = pupil, 5. بهبود = improvement, 6. متجاوز = aggressive, 10. اپرا = opera, 12. متعدد = multiple, 15. معتبر = reliable, 17. فرماندار = governor, 20. مفرط = excessive, 22. منها = minus, 24. گذرگر = passenger, 25. مختصر = summary, 27. نماز = prayer, 28. موجر = landlord, 29. تنها = sole, 30. دانا = wise. **Down:** 1. تجاوز = assault, 3. عمر = lifetime, 4. افزار جنگ = weapon, 7. تعفااس = resignation, 8. سردار = headed, 9. سرباز = soldier, 11. راز = mystery, 13. بلور = crystal, 14. راهرو = corridor, 16. تنها = lonely, 18. مقدار = quantity, 19. زانو = knee, 21. دار قاعده = systematic, 23. گاراژ = garage, 26. متوسط = medium.

**Puzzle #43. Across:** 2. نارسا = insufficient, 6. گزارشگر = reporter, 7. فساد = corruption, 8. انحصار = monopoly, 12. سودا = bargain, 14. سبد = basket, 15. مداد = pencil, 17. خدمتگذار = server, 20. رد = rejection, 22. بانو = mistress, 25. بذر = seed, 26. اغوا = temptation, 27. سودمند = beneficial, 28. نگهدار = keeper, 29. صبر = patience. **Down:** 1. حصار = fence, 3. همدرد = sympathetic, 4. انفجار = explosion, 5. عصا = rod, 9. جگر = liver, 10. مجرا = vessel, 11. تار = obscure, 13. همانند = alike, 16. تند = harsh, 18. بد = evil, 19. خطا = sin, 20. دارو = remedy, 21. نقدگر = critic, 23. همجوار= adjacent, 24. مطلقا = utterly.

**Puzzle #44. Across:** 3. تقلیل = reduction, 4. توضیح = explanation, 5. نقطه = spot, 10. مربوط = related, 12. کاردان = knowing, 13. سود = gain, 15. رتوزا = ministry, 18. جو = atmosphere, 19. خارج = external, 20. جوهر = acid, 22. تور = net, 23. اندرز = counsel, 25. انبوه = mass, 27. ارتباط = correlation, 28. پودر = powder. **Down:** 1. خرسند = content, 2. محور = axis, 6. انباز = partner, 7. تولید = generation, 8. سلحشور = knight, 9. جوال = bag, 11. ساختن توانا = enable, 14. نوزده عدد = nineteen, 15. شیر = milk, 16. سپر = shield, 17. شگرف = wonderful, 21. توانا = capable, 23. اخذ = catch, 24. فراوان = plenty, 26. تمام = entire.

**Puzzle #45. Across:** 3. افرس طاقت = severe, 4. جا تهیه = housing, 7. جنبش = motion, 8. استوار = secure, 10. دادن نشان = represent, 12. اثر = affect, 14. دادن = afford, 17. استوار = constant, 21. مقصود = significance, 22. برجسته = noted, 24. مد = fashion, 26. پرونده = file, 28. بدبختانه = unfortunately. **Down:** 1. ثابت = fixed, 2. شانه = shoulder, 3. الگو = sample, 5. صدمه = injury, 6. سوراخ = hole, 9. شدیدا = strongly, 11. اور وحشت = terrible, 13. بند = link, 15. پایدار = permanent, 16. فشار = stress, 17. ارتباط = correlation, 18. دهانه = opening, 19. جلد = quick, 20. جهاز = ship, 23. دره = valley, 25. شگفت = wonder, 27. شباب = youth.

**Puzzle #46. Across:** 1. تصفیه = settlement, 5. ناشناخته = unknown, 7. نخستین = initial, 8. تیز = pointed, 11. موتور = motor, 12. بزرگ = massive, 16. جلسه = session, 18. رفتن جلو = advance, 20. مضحك = funny, 21. کردن بیان = express, 24. ستیز = struggle, 26. معاصر = contemporary, 27. انحطاط = decline, 28. خاردار = picked, 29. ترجمه = interpretation. **Down:** 1. تکان = shock, 2. نوار = tape, 3. ذکر = mention, 4. نکشید = pull, 6. بخدا = odd, 9. گرما درجه = temperature, 10. ملت = nation, 13. شصت = sixty, 14. رستن = escape, 15. کاخ = palace, 17. صدا = noise, 19. تعیین = appointment, 22. مبلغ = sum, 23. خودمان = ourselves, 25. صدا درجه = tone.

**Puzzle #47. Across:** 2. شتواگ = revolution, 3. پاسخ = reply, 9. دوستانه = friendly, 11. اقدامات = proceedings, 15. مشخص = marked, 17. سوخت = fuel, 18. تند = sharp, 20. صنعتگر = artist, 22. اسقف = bishop, 24. پیر = aged, 25. تلخ اوقات = angry, 26. تقاضا = request, 27. کردن گرفتار = involve, 28. برندگر = vehicle. **Down:** 1. ورقه = sheet, 2. منسوب = relative, 4. مسلح = armed, 5. مزد = pension, 6. دارو = drug, 7. خرسند = glad, 8. افطار = breakfast, 10. رمز = code, 12. نود = ninety, 13. عظیم = enormous, 14. مقررات = provisions, 16. درامد = revenue, 19. اظهار = proposal, 21. دید = vision, 23. بر = fruit, 24. زنده = alive.

**Puzzle #48. Across:** 1. کردن منجمد = ice, 4. تصویب = approval, 7. شخص = guy, 9. جا = location, 10. خانواده = household, 12. راهرو = passage, 13. بست چوب = framework, 16. رال‌فد = federal, 17. خاك = soil, 19. دانشمند = learned, 22. هویت = identity, 25. بحث کردن = argue, 27. کردن پر = fill, 28. ارزو = ideal, 29. شعر = song, 30. سخنران = spokesman. **Down:** 2. مجرا = channel, 3. ابتیاع

= purchase, 5. گهگاه = occasionally, 6. برداشت کردن = remove, 8. خواننده = reader, 11. بستن = shut, 14. وام = loan, 15. زراعت = agriculture, 18. پیشکش = offering, 20. پهن = abroad, 21. برنامه = program, 23. ویراستار = editor, 24. مدار = theme, 26. مایل = willing.

**Puzzle #49. Across:** 1. وعه‌موض قانون طبق = statutory, 6. ثروت = wealth, 7. قبول قابل = acceptable, 10. حساس = sensitive, 12. ارتفاع = height, 14. راهرو = gallery, 20. بنیاد = foundation, 22. اشتباه = mistake, 23. کمترین = minimum, 24. شمردن = count, 25. دار پناه سمت = lee, 27. بندر = port, 29. نشر = publication, 30. نمایش = representation. **Down:** 2. تنها صحبت = aside, 3. نقشه = map, 4. بازیافت = recovery, 5. نامزد = candidate, 8. برق = electricity, 9. استعداد = liability, 11. فقره = item, 13. مقاومت = resistance, 15. دین = religion, 16. برامد = outcome, 17. تند = keen, 18. اهانت = offence, 19. رفتار = conduct, 21. رفت پس = recession, 26. مرتب = ordered, 28. نما = facing.

**Puzzle #50. Across:** 1. ضعیف = weak, 2. قلمرو = circle, 4. بشقاب = plate, 7. زار شن = beach, 8. هدف = objective, 10. زنده ندن‌ما = survive, 11. قصد = resolution, 16. کردن تحمل = suffer, 17. دروازه = gate, 19. عمله = worker, 20. اشتباه = fault, 23. بازده = efficiency, 24. راز = secret, 25. ازار = hurt, 26. شستشو = bath, 27. تندرست = healthy, 28. جیب = pocket. **Down:** 1. فریبنده = winning, 3. کردن امتحان = examine, 5. بسط = extension, 6. اثاثه = furniture, 9. ارز هم = equivalent, 12. بو = smell, 13. خنده = laugh, 14. زور = push, 15. توجه قابل = remarkable, 18. بااستعداد = brilliant, 21. رسا = adequate, 22. غذا = meat, 24. خود = self.

**Puzzle #51. Across:** 5. خالص = pure, 9. ستبر = thick, 10. تهیه = preparation, 11. برف = snow, 13. ابجو = beer, 17. حوزه = scope, 18. فلسفه = philosophy, 24. پرسنل = personnel, 26. وابسته = dependent, 28. قاب = frame, 29. عامل = operating, 30. ورود = arrival. **Down:** 1. گذاشت درون = input, 2. اولویت = priority, 3. ترتیب = arrangement, 4. اعتراض = protest, 6. خوردن شکست = fail, 7. اندوهناك = sad, 8. اقلیت = minority, 12. موج = wave, 14. برامد = consequence, 15. درز = gap, 16. حالت = mood, 19. سطح
تراز = plane, 20. لوث = pollution, 21. شایع = incident, 22. اردو = camp, 23. بند = clause, 25. دشمن = enemy, 27. تاتر = drama.

**Puzzle #52. Across:** 2. درهرجا = everywhere, 5. منظور = sake, 7. امار = statistics, 11. اقرار = profession, 12. مخلوط = mixture, 14. ان‌تغییرمك = shift, 16. مالکیت = ownership, 19. مداخله = intervention, 20. اتفاق = happening, 24. انگشت = finger, 25. تماما = altogether, 27. عمه = aunt, 28. دستور = permission, 29. نظر سعه = perspective. **Down:** 1. زنگوله زنگ = bell, 3. مدخل = entrance, 4. بوته = bush, 6. اتخاذ = assumption, 8. سرزمین = territory, 9. اشاره = suggestion, 10. ترفیع = promotion, 11. انجام
دادن = perform, 13. امتداد = tension, 15. که وقت هر = whenever, 17. گرانسر = proud, 18. استوار = consistent, 21. دلواپس = anxious, 22. ممتاز = prize, 23. دیوانه = mad, 26. گلو = throat.

**Puzzle #53. Across:** 1. گم = missing, 5. دادن اجاره = rent, 7. بسته = pack, 8. شن = sand, 9. الکل = alcohol, 12. راد = honest, 14. اتحاد = alliance, 15. کلبه = cottage, 16. پراندن = pop, 18. مرد = fellow, 24. دمیدن = blow, 25. فراست = intelligence, 27. هفتاد = seventy, 28. ژرفا = depth, 29. برجسته = outstanding. **Down:** 2. راهنما = signal, 3. راهنما = guidance, 4. موثر = impressive, 5. بازگو = repeat, 6. وجدوسرور = enthusiasm, 10. باخبر = conscious, 11. مقدس = holy, 13. لدج = jacket, 17. عبارت = phrase, 19. اخطار = warning, 20. پوشش = covering, 21. زدن حدس = guess, 22. نافذ = dominant, 23. هجده= eighteen, 26. گریه
کردن = cry.

**Puzzle #54. Across:** 1. ترسناك یا مهیب = awful, 5. خاستگاه = origin, 7. پست = mail, 8. ماهر = expert, 9. فراست = intelligence, 12. دور = distant, 17. فرودگاه = airport, 19. شکافتن = split, 22. بعید = remote, 23. باخبر = conscious, 25. شانس = luck, 26. شخصیت = personality, 27. تاخیر = delay, 28. گوش = ear. **Down:** 1. شدن وارد = arrive, 2. استعداد = tendency, 3. نجیب = gentle, 4. ثروت = possession, 5. مشاهده = observation, 6. نسبت = ratio, 10. کردن بار = load, 11. نو = novel, 13. دروغ = false, 14. صدا = calling, 15. اشتها = stomach, 16. رابطه = relation, 18. نگاشتن = register, 20. مستخدم = employee, 21. اسدارپ = guard, 24. چرند = silly.

**Puzzle #55. Across:** 2. ضـرر = harm, 4. بـر گـذاردن خراج = assess, 6. اصـغر = junior, 9. عفونـــت = infection, 12. قطـار = string, 16. چيره شـدن = overcome, 18. تنـــد = violent, 23. خودبخـود = automatically, 25. برامـد = expense, 27. ورانـدنخ = feed, 28. اشـــپز = cook, 29. كـردن چاپ = print. **Down:** 1. ســايه = shadow, 3. مقطـع = cutting, 5. معقـول = sensible, 7. شـعر = poetry, 8. شـــانزده = sixteen, 10. تنـــاوب = frequency, 11. دليـــل = proof, 13. ازدحام = host, 14. دلپـــذير = pleasant, 15. حتمـا = inevitable, 17. ضـــبط = recording, 19. سپاســـگزار = grateful, 20. بـد حادثـه = disaster, 21. كـردن قدغن = ban, 22. طرز = mode, 24. كمـك = helping, 26. گـام = pitch, 27. باصـــفا = fun.

**Puzzle #56. Across:** 1. اســـتفاده = acquisition, 5. دور = wheel, 8. شـور = excitement, 10. بـــازرس = inspector, 15. نقــره = silver, 16. انگاشـــت = imagination, 19. چرم = leather, 24. اخر = ultimate, 26. انضـــباط = discipline, 27. دســـتور = regulation, 28. خونســـرد = cool, 29. اضـطراب = anxiety, 30. خانم شاهزاده = princess. **Down:** 2. رود = stream, 3. غرور = pride, 4. ششـــم = sixth, 6. واحد = unity, 7. مدار = circuit, 9. اورد ره = gift, 11. قلــه = summit, 12. ازجلـو = besides, 13. خالق = creative, 14. عكس = photograph, 17. دســـتيار = assistant, 18. نمايشـــــگر = representative, 20. پـــذيرش = acceptance, 21. فـرمول = formula, 22. جهان = universe, 23. غبـار = dust, 25. ماموريـت = mission.

**Puzzle #57. Across:** 6. بـراورد = estimate, 8. معادلـه = equation, 11. العـاده فـوق = extraordinary, 13. رهن = mortgage, 16. چينـــه = layer, 18. ماهر = jimmy, 19. كـردن كمـك = assist, 22. بـه عطف = regarding, 23. بوســـه = kiss, 25. خام = raw, 26. جامع = universal, 28. وماهر خـبره = sophisticated, 29. موميـا = mummy. **Down:** 1. اســتخوان = bone, 2. رايـزن = councillor, 3. بازنشســـــته = retired, 4. لخـت = bare, 5. زبـان دســتور = grammar, 7. ماليـات وضـع = taxation, 9. چاق = fat, 10. خم = vat, 12. داشــتن نگــاه = retain, 14. چاپ = edition, 15. ناخــالص = gross, 17. مهمان = guest, 18. روزنامـه = journal, 20. از شـدن بـــدگمان = suspect, 21. حمام = bathroom, 24. خواب = asleep, 27. بنـــد = tie.

**Puzzle #58. Across:** 7. معتـــبر = valid, 8. كـردن ادرص = export, 10. سـودا = transaction, 11. مســـتدل = rational, 13. درســت = exact, 15. ماه = moon, 18. ناوگـان = fleet, 19. مشـهور = historic, 22. اشـغال = rubbish, 24. درس = lesson, 25. دادن ترتيـــب = arrange, 27. هرجاكه = wherever, 28. صـــفر = zero, 29. تلـخ = bitter. **Down:** 1. قتـــل = killing, 2. باحيـــا = modest, 3. زدن ســـرباز = refuse, 4. نشـــان = indication, 5. جامع = universal, 6. پنبـــه = cotton, 9. دادن دردســر = bother, 12. نژنـــد = upset, 14. كـردن كمـك = assist, 16. كـردن وادار = persuade, 17. مـــيرش = mortality, 20. اوبيگــــن = innocent, 21. خدا = heaven, 23. زيـاد = intense, 24. منطـق = logic, 26. قفـــل = lock.

**Puzzle #59. Across:** 7. نمـود = phenomenon, 8. متقابـــل اثـر = interaction, 9. ســـهولت = facility, 12. شـهردار = mayor, 13. توفـــان = storm, 15. ناهنجـار = timber, 17. مبـدا = era, 19. خودكار = automatic, 21. جسم = substance, 22. پيشـــه = occupation, 27. وابســـته حاشـيه بـه = marginal, 28. اســـتان = province. **Down:** 1. نـادر = curious, 2. ترديـــد = uncertainty, 3. اواز = sing, 4. فهميـــدن = realize, 5. شاهد = witness, 6. ابـزار = tool, 10. منشـــور = charter, 11. ثبـــت = registration, 14. الـــتزام = obligation, 16. رضـــــايتبخش = satisfactory, 18. درك = perception, 20. سرنوشـــت = fate, 21. بخـار = steam, 23. نمـا بـرش نقشـــه = profile, 24. شـــمارنده = counter, 25. گـرد = hero, 26. شستشـــــو = wash, 27. كـردن درهم = mix.

**Puzzle #60. Across:** 1. ضـــميمه = attached, 4. تصـــميم = ruling, 9. سـزا = punishment, 11. افـــزايش = addition, 14. ناحيـــه = zone, 17. باشـــكوه = magnificent, 21. نمـا منـش = characteristic, 23. ملجا = resort, 26. جز = retail, 27. اغاز = dawn, 28. جسم = bulk, 29. جرات = venture. **Down:** 1. بـــالغ = adult, 2. ابـر = cloud, 3. ناگــاه = unexpected, 5. برهنـــه = naked, 6. نگهبـــان = guardian, 7. لگـد = kick, 8. اثـر = trace, 10. جام = bowl, 12. هموار = plain, 13. مرز = boundary, 15. درامد = admission, 16. دلـــير = pushing, 18. متقابـــل اثـر = interaction, 19. بذلـه = joke, 20. شـمردن = reckon, 22. برداشـــت = removal, 24. اجاره = lease, 25. قلـم = pen.

**Puzzle #61. Across:** 1. نـــانوا = baker, 4. گرمـا تعـادل = warmth, 5. فكـرا = mentally, 6. نـــامعلوم = uncertain, 10. انفجـار = burst, 12. جادو = magic, 13. يـــافتن بـاز = recover, 15. ســيم = wire, 20. دهشت = horror, 21. بازتـــاب = reflection, 23. توقيـــف = arrest, 26. زرد روغن = butter, 28. دردنـاك = painful, 29. عــالم = scientist, 30. متنـــاظر = corresponding. **Down:** 2. روزمره = routine, 3. رفاقــت = friendship, 7. اعاده = restoration, 8. مجرد = abstract, 9. صـحرا = desert, 11. مبصـــر = monitor, 14. قالـب = format, 16. وحشـت = panic,

17. کردن حل = solve, 18. وسیله = resource, 19. خواستار = demanding, 22. طاقت = bearing, 24. شعاع = ray, 25. حقوق = salary, 27. بازیگر = actor.

**Puzzle #62. Across:** 7. بدبخت = unhappy, 9. بالغ = mature, 13. دادن ثمر = yield, 16. باهوش = intelligent, 18. کردن تحصیل = earn, 21. انعطاف قابلیت = flexibility, 23. برتر = superior, 24. زیر در = underneath, 26. تعمیر = repair, 27. گل = mud, 28. زور = thrust, 29. ارشد = commander, 30. تاز و تاخت = invasion. **Down:** 1. غذا = foster, 2. خوش = gay, 3. گرسنه = hungry, 4. تحمیل کردن = impose, 5. شرم = shame, 6. افسانه = fiction, 8. شده بیمه = assured, 10. صریح = explicit, 11. کردن نصیحت = advise, 12. تقوا = virtue, 14. نظر = discretion, 15. شب نصف = midnight, 17. استفاده قابلیت = availability, 19. دار خنده = ridiculous, 20. دعوت = invitation, 22. انزوا = isolation, 25. باهوش = smart.

**Puzzle #63. Across:** 1. افتاده عقب = backwards, 4. دیوانه = crazy, 5. نماد = symbol, 7. افسانه = tale, 8. ضرورت = necessity, 11. تغییردادن = alter, 12. ابد تا = forever, 15. انفلوانزا = grip, 17. انصاف قاعده = equity, 19. سلطنت = reign, 20. متاثر = dull, 21. مداوا = therapy, 23. جانبدار = partial, 25. شدید = intensive, 26. خیال = fancy. **Down:** 2. پشم نخ = wool, 3. فرانما = schedule, 5. هفده = seventeen, 6. دریغ = pity, 9. درجه = grade, 10. بازرگان = merchant, 12. دفن مراسم = funeral, 13. زودتر = sooner, 14. مالك = landed, 16. مخلوق = creature, 17. زیبا = elegant, 18. شاهد = instance, 20. مدت = duration, 22. صومعه = abbey, 24. کثیف = nasty.

**Puzzle #64. Across:** 1. بخشش = pardon, 2. خبرنگار = correspondent, 4. ابله = fool, 5. دنباله = appendix, 8. توجیه = justification, 11. اقا = don, 12. غول = giant, 13. خادم = servant, 15. جنس = breed, 17. درنگ = halt, 20. وضع = stance, 22. زمینه = outline, 23. خداحافظ = bye, 24. جهانگرد = tourist, 26. سرمایه = asset, 27. متناوبا = alternatively, 29. داشتن تعلق = belong. **Down:** 1. فراور = producer, 3. یافتن بسط = expand, 6. برخورد = incidence, 7. انه‌کارخ صاحب = manufacturer, 9. خردمند = intellectual, 10. اونیفورم = uniform, 14. خودبین = assuming, 16. کردن ناموس هتك = rape, 18. پیشتر = formerly, 19. توجه = attendance, 21. پاکیزه = neat, 25. دریا کنار = shore, 28. پشت = rear.

**Puzzle #65. Across:** 2. امپراتور = emperor, 7. کردن رعایت = observe, 9. ناگوار = horrible, 11. دلیر = brave, 13. راهرو = doorway, 14. افتخار = glory, 15. ریدن = shit, 18. دلپذیر = handsome, 20. اهتزاز = swing, 23. دشمن = hostile, 24. جراحت = wound, 25. بچه = infant, 26. گفتگو = dialogue, 27. دوستدار = lover, 28. کننده چاپ = printer. **Down:** 1. نظارت = supervision, 3. محل اقامت = residence, 4. کردن اعاده = restore, 5. نیمکت = bench, 6. هنر = craft, 8. تشخیص = diagnosis, 10. استفاده قابل = operational, 12. ماهیانه = monthly, 13. گرو = deposit, 15. احتکار = speculation, 16. شدن متعهد = undertake, 17. بدعت = innovation, 19. پایان = ending, 21. کردن رفع = resolve, 22. بر داشتن اعتراض = contest.

**Puzzle #66. Across:** 1. سیار بیمارستان = ambulance, 5. مزخرف = nonsense, 8. برخورد خوش = accessible, 9. بعد = dimension, 14. حساسیت = sensitivity, 15. جسته بر شخص = notable, 16. شکارگاه قرق = preserve, 18. غذا = dish, 21. مشاور = consultant, 24. سد = barrier, 26. انباشته = stored, 27. برجسته = striking, 28. دفتردار = clerk. **Down:** 1. تعهد = assurance, 2. ادف‌مص با شدن = encounter, 3. امروزه = nowadays, 4. جایزه = premium, 6. موازنه = equilibrium, 7. برجسته = prominent, 10. شتاب = hurry, 11. مشروع = legitimate, 12. سوسیالیزم = socialism, 13. ساختن = manufacture, 17. خواننده = singer, 19. فرض = hypothesis, 20. هنرمندانه = artistic, 21. شجاعت = courage, 22. صداقت = loyalty, 23. ورزیدن اصرار = insist, 25. رسا = loud.

**Puzzle #67. Across:** 2. احتمال = probability, 4. کردن برهنه = strip, 5. ماهواره = satellite, 8. اکتشاف = exploration, 12. غریبه = stranger, 15. متحد = allied, 16. شور = emotion, 17. اخذ = grasp, 20. مایع = liquid, 22. شام = supper, 24. گاونر = bull, 25. بسط یافته = expanded, 26. کننده مشاهده = observer, 27. دانش = wisdom, 28. ابزار = implement, 29. زننده جار = crying. **Down:** 1. ارکست = orchestra, 3. غایب = absent, 6. گربه بچه = kit, 7. ضعیف = faint, 9. مبهم = vague, 10. گرداننده = operator, 11. شاگرد = mate, 13. از صرفنظر = regardless, 14. زدن برهم = coup, 15. ارزومند = ambitious, 18. دوش = shower, 19. تاکنون = hitherto, 21. کشور درون = inland, 23. فشار = pressing.

**Puzzle #68. Across:** 2. خامکار = awkward, 4. دادن توضیح = illustrate, 9. استخدام = recruitment, 11. صدا انعکاس = echo, 13. سراشیب = steep, 14. بر داشتن اشاره = imply, 17. کشش = attraction, 18. کننده عمل = processor, 19. سوزاندن = burn, 20. خوارنش = quid, 23. ناشر = publisher, 24. پرتقال = orange, 26. شب مدت در = overnight, 27. گرفتن قرض = borrow, 28. فشار = pressing. **Down:** 1. کردن برهنه = strip, 3. گرفتن باز = withdraw, 5. انگیزش = motivation, 6. پناه جان = shelter, 7. حبس = imprisonment, 8. یرندهگ = receiver, 10. برابر = breast, 12. اجازه = permit, 15. ناجور وصله = patch, 16. سهام = portfolio, 17. معمار = architect, 18. کردن دعا = pray, 21. حد = margin, 22. کم بسیار = seldom, 25. سوراخ = bore.

**Puzzle #69. Across:** 2. رمز = trick, 4. جنباندن = shake, 6. افسانه = myth, 8. شدن بیدار = awake, 11. بادبزن = fan, 13. دوهفته = fortnight, 15. بازار = forum, 18. نبرد = combat, 19. خورش = feeding, 20. افسوس = regret, 23. تناظر = correspondence, 27. متعادل = balanced, 28. افراط = excess, 29. تفکیک = breakdown. **Down:** 1. ضربه = stroke, 3. تعمدا = deliberate, 4. شور = sensation, 5. موضوعه قانون = statute, 7. اشاره = hint, 9. اجراء قابل = applicable, 10. تطبیق = adjustment, 12. تصویر = portrait, 14. خلف = successor, 16. اندروا = suspension, 17. بزرگ مادر = grandmother, 21. اجرا = execution, 22. ضمنا = meantime, 24. مشتاق = eager, 25. قبر = grave, 26. جامد = rigid.

**Puzzle #70. Across:** 1. نویس تاریخ = historian, 8. مساوات = equality, 10. شعر = verse, 11. مهر = affection, 12. دهشت = terror, 14. شهد = honey, 15. مهلك = fatal, 16. مناقصه = tender, 22. دخالت = interference, 24. ژرفا کم = shallow, 26. اگرچه = albeit, 28. مسافرخانه = inn, 29. ناراحت = uncomfortable, 30. مزد = hire. **Down:** 2. راهنما = adviser, 3. دنباله = suite, 4. شده سوار = mounted, 5. توصیه = recommendation, 6. محصول = crop, 7. تکیه = leaning, 9. اختیار = liberty, 13. تاز و تاخت = raid, 17. تفکیك = breakdown, 18. شدن جمع = gather, 19. مولد = productive, 20. مشتاق = enthusiastic, 21. بدگمان = suspicious, 23. دفع = exclusion, 25. تصویر = portrait, 27. کردن یشنهادپ = propose.

**Puzzle #71. Across:** 2. اجاق = oven, 4. انعام = bonus, 6. سنگفرش = pavement, 10. نردبان = ladder, 13. کردن استخراج = extract, 15. خصومت = hostility, 17. پرچم = flag, 22. بوریا علف = bent, 23. خشمناك = furious, 24. دارو = cure, 26. ودبخشس = profitable, 28. بزرگتر = elder, 29. میراث = heritage, 30. سوپ = soup. **Down:** 1. جنسیت = sexuality, 3. کردن قول نقل = quote, 5. متوسط = intermediate, 7. مرموز = mysterious, 8. مشتاق = enthusiastic, 9. حرامزاده = bastard, 11. اظهار = remark, 12. گزاره = proposition, 14. شهیق = inspiration, 16. باوفا = loyal, 18. بلوغ = maturity, 19. دراز = linear, 20. اندوه = grief, 21. اعظم اسقف = archbishop, 25. دارا = wealthy, 27. ارگ = organ.

**Puzzle #72. Across:** 4. مهاجرت = migration, 7. قاتل = killer, 8. در هشد واقع = situated, 9. ناگوار = unpleasant, 10. تاقچه = shelf, 15. زننده = striker, 16. کردن تفسیر = interpret, 17. افروز اتش = incentive, 18. گرفتن سیل = flood, 19. انقیاد = binding, 20. داد = shout, 22. انتظار = expectation, 24. جسور = bold, 27. تصریح = specification, 28. حراج = auction, 29. عصب = nerve, 30. جدار = curtain. **Down:** 1. محافظ = protective, 2. شیب = slope, 3. رسم = custom, 5. وجود بااین = nonetheless, 6. برگ = leaf, 11. نصب = installation, 12. کردن محدود = qualify, 13. دادخواست = petition, 14. ارهگز = proposition, 21. سنا مجلس = senate, 23. ارزو = ambition, 25. مقدس = sacred, 26. قوس = bow.

**Puzzle #73. Across:** 1. ناجور = inappropriate, 4. تعقیب = pursuit, 7. سحر = charm, 8. نمودار = diagram, 11. نخورده دست = intact, 15. قصور = negligence, 16. یافته بیقتط = matched, 17. لحظه = instant, 18. نخبه = elite, 22. بینش = insight, 24. افق = horizon, 26. انتها = terminal, 29. خام = crude, 30. مخیله قوه = fantasy. **Down:** 2. مداوم = persistent, 3. شرط = qualification, 5. ایراد = objection, 6. ضد = opponent, 9. گفتن ترك = abandon, 10. نازك = slim, 12. متعلقات = belonging, 13. فرشته = angel, 14. افسانه = legend, 19. بخشیدن = forgive, 20. درد = distress, 21. خورشید نور = sunlight, 23. کردن دعوت = invite, 25. کردن تفسیر = interpret, 27. زهدان= matrix, 28. مخمور = drunk.

**Puzzle #74. Across:** 4. ارزنده = worthwhile, 7. مرمر سنگ = marble, 10. سریع = swift, 11. پدافندگر = defender, 14. گاز = bite, 15. زندان = jail, 16. نگهداشتن = sustain, 17. شهرت = fame, 20. فرسایش = erosion, 21. دادن نشان واکنش = react, 22. استمرار = continuity, 25. پیشین = primitive, 27. دادن عاریه = lend, 28. شبح = ghost, 29. احترام قابل = respectable. **Down:**

1. جاروب شده = swept, 2. مرز = ridge, 3. قشر = hull, 5. دستورالعمل = recipe, 6. ارث = inheritance, 8. ناظر = butler, 9. ضمیمه = supplement, 10. مداقه = scrutiny, 12. افزونه = redundant, 13. ضابطه = criterion, 18. نیرومند کردن = strengthen, 19. نوع بشر = humanity, 23. فاصله = interval, 24. سیرت = morality, 26. روده = bowel.

**Puzzle #75. Across:** 4. پرسشنامه = questionnaire, 5. خو = temper, 6. سمینار = seminar, 9. سقط جنین = abortion, 10. ابلهانه = foolish, 12. امتزاج = fusion, 14. رسید = receipt, 15. تیپ = brigade, 17. نیش وا کردن = grin, 18. ناسازگار = adverse, 21. گنجایش = inclusion, 22. با ادب = polite, 23. وقار = gravity, 25. خرگوش = rabbit, 27. فاصله = interval, 29. صفرا = bile, 30. وسعت = width. **Down:** 1. بسته = packet, 2. دمساز = compatible, 3. سوزاندن = fry, 7. لغو = abolition, 8. مشورت خواستن از = consult, 11. فریور = orthodox, 13. خسارت وضرر = prejudice, 16. وصیت نامه = testament, 19. ترکیب = synthesis, 20. نهاد = entity, 24. دست نخورده = virgin, 26. لگن = basin, 28. ترسو = shy.

**Puzzle #76. Across:** 1. جانشین = substitute, 6. گران = costly, 8. جمع شده = aggregate, 9. سوس = sauce, 10. لیمو = lemon, 12. عفریت = monster, 14. مه = mist, 17. امتیاز دادن = handicap, 19. مشت = punch, 20. غریزه = instinct, 24. بدبخت = unfortunate, 25. چراغ = lamp, 26. روبند = mask, 27. سالنما = calendar, 28. بهمچنین = likewise. **Down:** 2. بالت = ballet, 3. مقصد = destination, 4. دادخواست = plea, 5. انزوا = retreat, 7. منتشر کردن = broadcast, 9. ضمانت = sponsorship, 11. فندك = lighter, 13. عکاس = photographer, 15. وضع نامساعد = disadvantage, 16. خبر دادن = announce, 18. وفق دادن = adjust, 19. گراز = pig, 21. بخش = portion, 22. غضب = fury, 23. نشان = medal.

**Puzzle #77. Across:** 2. دربدر = homeless, 4. ضربت زدن = hammer, 6. تسلط = dominance, 10. حشو = redundancy, 14. ایستا = static, 15. دم زدن = breathe, 16. مجلل = glorious, 17. شرمسار = ashamed, 19. حذف کردن = eliminate, 20. اطاق کوچك = cabin, 21. عجز = inability, 23. دستگاه = apparatus, 24. نابغه = genius, 25. لبریز = flown, 26. دوست پسر = boyfriend, 28. رخداد = occurrence, 29. نابکار = wicked, 30. حفظ = preservation. **Down:** 1. سوزن = needle, 3. ترسناك = grim, 5. علفزار = lawn, 7. شن = gravel, 8. باربر = porter, 9. دارنده = holder, 11. مربوط = coherent, 12. خیره نگاه کردن = stare, 13. سیاستمدار = politician, 18. مطیع = submission, 22. دقت = precision, 27. قلنبه = lump.

**Puzzle #78. Across:** 3. اشغال کردن = occupy, 8. معجزه = miracle, 10. شاغل = practitioner, 11. مچ دست = wrist, 12. نژاد = descent, 16. چشم انداز = outlook, 17. تلگراف = telegraph, 21. سفر = expedition, 23. برخورد = clash, 25. دلیر = hardy, 26. بیرون = outdoor, 27. تصویب کردن = approve, 28. برج وبارو = fort, 29. پیرایش = modification. **Down:** 1. تنفر = hatred, 2. غریب وعجیب = bizarre, 4. نگارگر = painter, 5. پرپندار = imaginative, 6. مهاجرت = immigration, 7. نمونه = specimen, 9. خلوت = privacy, 12. باراندار = dock, 13. جمجمه = skull, 14. تلمبه = pump, 15. انگیزه = motive, 18. میراث = legacy, 19. سفیر = ambassador, 20. مهربان = kindly, 22. دخالت کردن = interfere, 24. بر = mainland.

**Puzzle #79. Across:** 2. اهسته = slow, 3. داور = referee, 5. رحمت = mercy, 6. ساخت یافته = structured, 9. پرصخره = rocky, 10. تذکر = reminder, 11. هژبر = lion, 12. پرخش = noisy, 16. ویت = blanket, 18. غار = cave, 19. جستجو = probe, 20. تزریق = injection, 21. عروس = bride, 22. دیرینه = ancient, 24. راکد = resting, 25. روشن = vivid, 26. سالخورده = elderly. **Down:** 1. معتدل = moderate, 2. اب وهوا = sky, 4. مرور = revision, 6. غربال = screen, 7. پرورش = breeding, 8. لذت = enjoyment, 13. واگذار کردن = surrender, 14. گراف = graph, 15. شناور = floating, 17. جبران کردن = offset, 18. بزهکار = criminal, 21. شاهپر = beam, 23. خروج = exit.

**Puzzle #80. Across:** 1. دستور = brief, 7. اصول مهارت = technique, 9. دریاکنار = coast, 10. بدست اوردن = obtain, 11. رفاه = welfare, 14. بستوه اوردن = harry, 15. میز = desk, 16. غیر = unlike, 18. رهاکردن = drop, 19. توسط = via, 20. باطله = waste, 21. بقتل رساندن = kill, 22. بازیگر خانه = theatre, 23. افرینش = creation, 26. تعریف = definition, 27. سلسله = flight. **Down:** 2. تخت = flat, 3. جسم = metal, 4. از اینرو = hence, 5. اصغر = minor, 6. ثانیوی = secondary, 8. بعدا = afterwards, 9. بازداشتن = contain, 11. خود رو = wild, 12. بسیار = lots, 13. دلگرم کردن = encourage, 17. ازمایش = examination, 18. وام = debt, 24. بخط کردن = row, 25. دندانها = teeth.

**Puzzle #81. Across:** 1. شرح دادن = describe, 5. بلوك = block, 6. گلو = lane, 7. هرجور هست = somehow, 9. دماغه = nose, 11. عضو فرهنگستان = academic, 13. بال جناح = van, 14. رگیرید = involvement, 15. خواب = dream, 18. اطاق خواب = bedroom, 19. بعد = subsequent, 20. مذاکره = interview, 23. تورم = inflation, 24. منبع = pool, 25. بطوربد = badly, 26. برقرار = confirmed, 27. بنیادی = fundamental, 28. فرد = unique, 29. دستیاری = assistance. **Down:** 2. ورزیده = experienced, 3. بده = flow, 4. استقلال = independence, 8. بازور وفشارپرکردن = crowd, 10. انبار مهمات = magazine, 12. جامه بتن کردن = dress, 16. وخیم = crucial, 17. ترکیب = combination, 21. گناهکار = guilty, 22. رشته = sequence, 25. جمال = beauty.

**Puzzle #82. Across:** 3. هرکجا = anywhere, 6. حومه شهر = countryside, 12. غیرعادی = unusual, 14. بعهده گرفتن = assume, 16. دریاچه = lake, 17. نشان دادن = indicate, 18. خوش اقبال = lucky, 20. مرسوم = conventional, 23. پرداخت رنگ وروغن = finish, 26. بزرگ = extensive, 27. اسانسور = lift, 28. شکل = formation, 29. خرچنگ = cancer, 30. بکار انداختن = operate. **Down:** 1. اداره کردن = manage, 2. ذوق = taste, 4. طاق = roof, 5. رجحان = distinction, 7. با علف پوشاندن = grass, 8. جانشین = deputy, 9. برامدن = cope, 10. تعمیر = maintenance, 11. محافظه کار = conservative, 13. بنا = establishment, 15. شیشه = bottle, 19. راحت = comfortable, 21. بهره ور = efficient, 22. ضوابط = criteria, 24. ناگهان = sudden, 25. افتاده = fallen.

**Puzzle #83. Across:** 4. قوت = bread, 6. درخشنده = golden, 8. یازده = eleven, 9. گربه = cat, 11. راقم = writer, 14. بیشترین = maximum, 16. احترام = regard, 20. جعبه = chest, 21. هشتاد = eighty, 23. متهم = accused, 24. بیصدا = silent, 26. پیش افتاده = advanced, 27. رسم = drawing, 28. رجحان دادن = prefer. **Down:** 1. بازگشت دادن = refer, 2. پدر یا مادر = parent, 3. داوطلبانه = voluntary, 5. دوره ده ساله = decade, 6. رشد کرده = grown, 7. عصا = stick, 10. جوجه = bird, 12. مطول = extended, 13. ریل خط اهن = rail, 15. کوه = mountain, 17. سامعه = hearing, 18. سپنج = temporary, 19. تصمیم گرفتن = determine, 20. امرکردن = command, 22. ایفای نمایش = acting, 25. رمه = drove.

**Puzzle #84. Across:** 1. بخش = parish, 3. امتیاز = score, 5. برگرداندن = reflect, 6. واکنش نشان دادن = respond, 7. پنجم = fifth, 8. جودمو = bound, 13. بنگاه = corporation, 15. جواز = licence, 16. باب کردن = introduce, 18. توپ = gun, 19. اقرار کردن = admit, 20. شورا = diet, 21. بالغ بر = passing, 24. حلقه = chain, 25. عم = uncle, 26. دستخوش = victim, 28. بتدریج = gradually. **Down:** 1. تابلو = panel, 2. قابل رقابت = competitive, 4. رستوران = restaurant, 9. وابسته بودن = depend, 10. برق دهنده = electric, 11. عوام = commons, 12. تحویل = delivery, 13. انجمن = convention, 14. ابتکار = initiative, 17. اتصال = connection, 22. سراسری = global, 23. کارب بردن = handle, 27. بیزار = tired.

**Puzzle #85. Across:** 2. عمده = principal, 9. بازتابیده = reflected, 11. بزرگترین = supreme, 13. روکش = coat, 14. شیرین = sweet, 17. مفهوم = moral, 19. دلگرم = confident, 21. جامع = comprehensive, 23. مداوم = continuing, 25. دبنگ = stupid, 28. طالع = rising, 29. اورژانس = emergency, 30. دسته = category. **Down:** 1. دیداری = visual, 3. جستار = inquiry, 4. گسترده = widespread, 5. محجور = ward, 6. احتمالا = presumably, 7. انداختن = throw, 8. تشکیل = constitution, 10. صدراعظم = chancellor, 12. بسیار = numerous, 15. بال وپر زن = flying, 16. درباره = concerning, 18. مجرد = absolute, 20. شرارت = illness, 22. ادیب = literary, 24. درست = genuine, 26. رقص = dance, 27. اسیاب = mill.

**Puzzle #86. Across:** 1. مفید = helpful, 5. دستپاچه = nervous, 6. نمونه = module, 9. درامد = earnings, 11. انجام = achievement, 12. انداخت = threw, 14. خیرات = charity, 15. دندانه = nick, 19. چرم گوسفند = sheep, 21. درازکردن = extend, 22. پیوند یافته = linked, 26. عرضه = presentation, 28. چنبره = core, 29. اموخته = taught, 30. التزام = requirement. **Down:** 2. جنبه = prospect, 3. باشرافت = truly, 4. تمرکز دادن = concentrate, 7. طرزاویختن = hang, 8. مشارکت = partnership, 10. بقا = survival, 13. بینهایت = extreme, 16. رضایت = consent, 17. رواج = currency, 18. تشکس = defeat, 20. سنجش = comparison, 23. دریافتن = discover, 24. جشنواره = festival, 25. استوار = steel, 27. برنده = winner.

**Puzzle #87. Across:** 1. راحت کردن = ease, 6. تغییردادن = vary, 7. دستگاه = mechanism, 8. وابسته به اقامت = residential, 11. بیاد دناور = recall, 12. برامدن = arise, 15. ازمایش = experiment, 17. اشتباه = blame, 20. جدال کردن = dispute, 23. با اسطقس = tough, 24. رنگ = paint, 25. درست = accurate, 26. خشم = anger, 27. سنجش = comparison, 28. رضایت = consent.

**Down:** 2. انبـارش = storage, 3. بـرق یـچ‌سـو = switch, 4. کارفرمـا = employer, 5. بنگـاه = institution, 6. نمایـان = visible, 9. بقـرار ایـن از صـد در = percent, 10. دادخواه = plaintiff, 13. شـده اظهار = declared, 14. کـردن شـروع = launch, 16. شـدن اماده = prepare, 18. گذشـته = furthermore, 19. دانسـته = studied, 21. زنجـره = cricket, 22. رد = exception, 24. دادن تـرفیع = promote.

**Puzzle #88. Across:** 1. جسـتجوکردن = sick, 8. حفاظـت = conservation, 10. گـرفتن رای = poll, 11. وهوا اب = climate, 14. معماری = architecture, 17. از کـردن دفـاع = champion, 18. تانـک = tank, 19. اغتشـاش = confusion, 21. رضـایت = satisfaction, 27. سـتون = column, 28. سـواره گـردش = ride, 29. ارزان = cheap, 30. اربـاب = boss. **Down:** 2. سـیکل = cycle, 3. پـردازه = fee, 4. دسـتگاه = device, 5. بالاخانـه = upstairs, 6. طفولیـت = childhood, 7. اکتشـاف = discovery, 9. متخصـص = specialist, 12. یـدک = spare, 13. عزم = determination, 15. جـبران = compensation, 16. قـرص = cake, 20. موزیکـال = musical, 22. بـرج = tower, 23. جامع = precise, 24. کـردن جمع = collect, 25. پـرواز = wing, 26. مجال = leisure.

**Puzzle #89. Across:** 5. وسـیله بـدان = thereby, 7. حفاظـت = conservation, 10. مداخلـه = participation, 11. تنهـا = mere, 16. کالسـکه = coach, 19. انـدازه = dealt, 21. قلـه = peak, 22. تعـویض = replacement, 24. چهارده عدد = fourteen, 27. کـردن تاییـد = confirm, 29. عدد دوازده = dozen, 30. سـنجش = evaluation. **Down:** 1. چرك = dirty, 2. مداوم = continuous, 3. خریـدار = buyer, 4. یافتـه انتقـال = transferred, 6. بسـتن شـرط = bet, 8. معروف بقـول = alleged, 9. اعتصـاب درحال = struck, 12. اختـلاف = variation, 13. گیتـار = guitar, 14. ازمایشـگاه = laboratory, 15. بیکـار = unemployed, 17. جـبران = compensation, 18. نامـه شـهادت = certificate, 20. راحت = comfort, 23. دادن درس = teach, 25. از کـردن پـاك = rid, 26. گزلیـك = knife, 28. زرد = wan.

**Puzzle #90. Across:** 1. زوال = consumption, 4. مشـهود = evident, 6. بـد ربسـیا = desperate, 10. حرام = illegal, 12. کـردن رد = ignore, 14. قیـد = bond, 15. برگشـت = turnover, 16. سـنگر = blind, 18. در کـردن شـرکت = contribute, 20. واغنـام احشـام = cattle, 23. تخـم = egg, 24. ادوات = instrument, 27. الـروح معرفـه = psychology, 28. دنبالـه = tail, 29. جامع = comprehensive, 30. دار اجاره = tenant. **Down:** 2. دار پلـه = stepped, 3. کـردن حسـاب تصـفیه = settle, 5. پـذیر اسـیب = vulnerable, 7. خالص ذغال = carbon, 8. بـد = ill, 9. بمـب = bomb, 11. کـردن درك = appreciate, 13. مشـوق = encouraging, 17. دسـتگاه = machinery, 19. گـرایش = trend, 21. ضـابطه = topic, 22. کـردن جذب = attract, 25. گوشـت = flesh, 26. پاشـیدن نمـك = salt.

**Puzzle #91. Across:** 2. محصـور = restricted, 3. اتمـام = completion, 7. بنـابراین = accordingly, 13. کـردن استفسـار = investigate, 14. شـعر = poem, 15. کـردن تعـریف = define, 17. کـردن شـکار = hunt, 20. کجا هیچ = nowhere, 22. داورگـان = jury, 23. چرم = hide, 24. بطورعریـان = barely, 27. نابسـنده = inadequate, 29. خـبر = announcement. **Down:** 1. بخشـنده = generous, 3. زوال = consumption, 4. تغییرشـکل = evolution, 5. اموزش = instruction, 6. شـکوه بـا = imperial, 8. اوار = collapse, 9. انهـدام = destruction, 10. اسـتعداد بـا = clever, 11. زبـده = cream, 12. سـقف = ceiling, 16. انضـمام = integration, 18. اوردن زبـان بـر = tongue, 19. کاتـالوگ = catalogue, 21. تبلیغـات = publicity, 25. کـردن تقاضـا = sue, 26. دسـته = squad, 28. قـرص = disk.

**Puzzle #92. Across:** 3. نمونـه بهـترین مطـابق = classic, 7. پـذیر تغییـر = variable, 8. جانبـه دو = mutual, 10. فدراسـیون = federation, 13. مشـمول = liable, 14. مشـاوره = consultation, 16. زدوده = cleared, 17. مـبرم = urgent, 19. شـارع = lawyer, 23. شـاعر = poet, 27. گـل درخت = flower, 28. خزانـه = treasury, 29. بـرخورد = reception, 30. تطبیـق = identification. **Down:** 1. شـده تعییـن = specified, 2. زده = beaten, 4. اتمـام = completion, 5. دادن جیـره = allowance, 6. تونـل = tunnel, 9. نـام ذکـر بـا = namely, 11. ثابـت کـردن = stable, 12. کشـاورز = farmer, 15. دادن شـرح = demonstrate, 18. تـدارکات = supplies, 20. جمعا = wholly, 21. کـردن سـیاحت = explore, 22. وشـدید تنـد احساسـات = passion, 24. فـرش = carpet, 25. کشـش = strain, 26. ظاهر = habit.

**Puzzle #93. Across:** 1. عنـوان = heading, 3. رجحان = preference, 5. اسـاس = fabric, 7. ثبـات = stability, 8. کـردن الـوده = mess, 11. مجتهـد = priest, 13. کننـده دیـدن = visitor, 17. امـیز جدال = controversial, 18. ریشـه = root, 20. جادو = spell, 22. اشـتـد درون = talent, 23. مرغوب = desirable, 25. امدن بـدنبال = succeed, 27. خنـده = laughter, 28. تـنزل = depression. **Down:** 2. دربسـت = exclusive, 4. مشـاوره = consultation, 6. سـرایش = composition, 7. رقـت = sympathy, 9. مشـخص = distinctive, 10. انحـراف = departure, 12. تبـدیل = conversion, 14. بازشـناختن = recognize, 15. انحنـاء خمیـده خط = curve, 16. ازادکردن = deliver, 19. اموزگـاه = classroom, 21. البـوم = album, 22. برچسـب = ticket, 24. کـردن گـو بـاز = relate, 26. جسـتن = jump.

**Puzzle #94. Across:** 1. راحت = convenient, 5. وطسق = crash, 6. بسته = connected, 9. خواستن = intend, 10. بردن‌هجوم = rush, 11. باشکوه = superb, 12. خسیس = tight, 14. دانستن ذیحق = justify, 16. سازی نگاره = graphics, 19. ابریشم = silk, 22. صعود کردن = climb, 24. دهنده ترکیب = component, 25. گرفتن باز = withdrawal, 27. کردن ادا = discourse, 28. واقبال بحث = fortune, 29. ابراه = canal, 30. از کردن دفاع = defend. **Down:** 2. هجدهم = eighteenth, 3. دوختن چشم = gaze, 4. بیان = declaration, 7. ناوگان = navy, 8. کردن خراب = destroy, 13. اموزگاه = classroom, 15. سخت = strict, 17. به پرداختن = proceed, 18. حلب = tin, 20. انگارگان = ideology, 21. پلیس مامور = policeman, 23. تر پایین = lowest, 26. گشاد = loose.

**Puzzle #95. Across:** 1. ریاضیات = mathematics, 3. شایسته = qualified, 7. اوردن بدست = acquire, 10. اسیابان = miller, 11. پرنده = wildlife, 13. بحث = controversy, 15. خلق = humour, 16. کردن خشنود = satisfy, 17. اخطار = alarm, 19. بنوازید ارام = piano, 20. گرفتن بعهده = tackle, 23. بافت = tissue, 26. ان بوسیله که = whereby, 29. دیدن = distinguish, 30. درست = straightforward. **Down:** 2. خاص = specially, 4. همسران = wives, 5. شگرف = tremendous, 6. دهنده ترکیب = component, 8. قماش = cloth, 9. تبعیض = discrimination, 12. شدن پدیدار = emerge, 14. شدن مانع = resist, 18. هفته به هفته = weekly, 21. دور مرز از = interior, 22. اوردن بوجود = generate, 24. منصفانه غیر = unfair, 25. کسر = deficit, 27. شماره به وابسته = digital, 28. برات = cheque.

**Puzzle #96. Across:** 1. سواری = riding, 4. واواز ساز انجمن = concert, 7. ساکت = calm, 9. پایین طبقه = downstairs, 12. پوست ریختن = shed, 13. گذار قانون = legislative, 15. کردن اداره = engineer, 19. بازدید = inspection, 22. لنگرگاه = harbour, 23. موش گرفتن = mouse, 24. اینچ = inch, 25. رتبه = rank, 26. رهانیدن = rescue, 27. لمس = handling, 29. بهنگام = pat, 30. گدار = ford. **Down:** 2. ردن‌ك دلشاد = delight, 3. رفتار = gesture, 5. بچه = chicken, 6. با کردن رقابت = compete, 8. وزیر نخست = premier, 10. فروشنده = seller, 11. بری جیب = picking, 14. اراسته = decent, 16. نمایش = exposure, 17. دسترس = disposal, 18. متمایز = distinguished, 20. فراورش = productivity, 21. پیگرد = prosecution, 28. افزار = gear.

**Puzzle #97. Across:** 1. اصغر = lesser, 6. ردیف = succession, 7. خواب بهار = terrace, 8. نصرت طاق = triumph, 11. طراح = designer, 12. مقایسه قابلیت = comparable, 13. پشت دارای = backed, 15. تفکیك = separation, 17. رنگارنگ = varied, 18. در واقع زیرزمین = underground, 20. رد = refusal, 21. ارتش افسر = constable, 22. دسیسه = plot, 23. متمایز = distinguished, 25. انگیز حزن نمایش = tragedy, 26. واجب غیر = unnecessary, 27. بیستمین = twentieth, 28. جو = grain. **Down:** 2. زیرك = subtle, 3. اسانس = essence, 4. سینما = movie, 5. کننده متحیر = amazing, 9. العاده فوق = precious, 10. چشم هم = rival, 11. دمونستراسیون = demonstration, 14. نزع درحال = dying, 16. قلمروقدرت = jurisdiction, 19. نامه واژه = dictionary, 21. گونه = cheek, 24. هواپیما نشستن بزمین = landing.

**Puzzle #98. Across:** 1. دوار جراثقال = jenny, 5. بخش = borough, 6. اندوختن = pile, 8. ظریف = delicate, 11. دهنده دستور = directive, 14. ورق دهنده = dealer, 16. جلوبردن = boost, 18. دوچرخه = bike, 19. مقایسه قابلیت = comparable, 22. جشن = ceremony, 23. جو و پرس = enquiry, 24. کردن ازاد = liberation, 25. خورد = ate, 27. اشتراك = sharing, 29. برخوردگاه = junction. **Down:** 2. گلخانه = nursery, 3. ملون = coloured, 4. تسمه = belt, 7. عضله = muscle, 9. تراشه = chip, 10. مهم غیر = casual, 12. بستار = closure, 13. پوشش = coverage, 15. تصوری = romantic, 17. خریدار = purchaser, 19. اجماع = consensus, 20. ستاره بخت = planet, 21. اجر = brick, 26. روباه = fox, 28. وه = hey.

**Puzzle #99. Across:** 4. بنا به وابسته = structural, 6. دیرینه = chronic, 7. لعنت = damn, 8. ارام = peaceful, 10. اولا = firstly, 11. بزغاله = kid, 13. ربط = relevance, 15. منحصرا = solely, 17. ضعف = weakness, 20. از بیرون = forth, 23. انتحار = suicide, 24. تقاطع محل = crossing, 26. شدن یاداور = remind, 27. لباس = clothing, 28. برق = radiation, 29. شغل = employ. **Down:** 1. صورت تبدیل = transformation, 2. پرداخت قابل = payable, 3. با کردن رقابت = compete, 5. معبد = temple, 9. مو قلم = brush, 12. ناامید = disappointed, 13. باقیمانده = remainder, 14. پیوسته بهم = collective, 16. عمودی = vertical, 18. براق = splendid, 19. تخفیف = discount, 21. دقت = accuracy, 22. اصول = doctrine, 25. خوردن بهم = knock.

**Puzzle #100. Across:** 1. روشن = definite, 3. درشرف = forthcoming, 7. تجارت = commerce, 8. پیوستن باهم = combine, 9. درنگ = pause, 10. صعود = mount, 12. تعلیق درحال = hanging, 14. نشین ایالت = provincial, 15. بزه = guilt, 18. ظن سوء = suspicion, 21. اصلاح = amendment, 23. دادن شرح بادقت = elaborate, 25. رجحان = privilege, 27. کشاورز = peasant, 28. اندازه = measurement, 29. قطار هم = colleague. **Down:** 2. محکمه دادگاه = tribunal, 4. نشین هم = companion, 5. دریاچه = pond, 6. هرج ومرج = chaos, 8. دادن تشکیل = constitute, 11. شدن غرق = sink, 13. کردن شرکت = participate, 16. یافته سازمان = organized, 17. نگاره = chart, 19. دتش = intensity, 20. تانیث و تذکیر = gender, 22. لوله = tube, 24. انجیر = fig, 26. درس = lecture.

Made in United States
Troutdale, OR
04/19/2024

19306316R00071